NONFICTION
論創ノンフィクション
057

ガザ虐殺を考える

その悲痛で不条理な歴史と現状を知るために

森 達也 編著

論創社

目次

刊行に寄せて

森達也

　本文を読んでもらえればわかるが、僕はパレスチナに行ったことはない。これまで世界五〇カ国くらいは訪問していて、シリアにレバノンにヨルダンにエジプト、つまり隣接国すべてに行っているのに、イスラエルはまだ行ったことがない国のひとつだ。なぜかこれまで機会がなかったのだ。

　今回、寄稿を頼んだ友人や先輩たちのほとんどは、イスラエルはもちろんヨルダン川西岸やガザ地区に過去に行ったことがある人たちだ。言い換えれば二次情報ではなく一次情報を持つ人たち。僕にはその資格はない。語るべきではない。ずっとそう思っていた。でも知りたい。考えたい。そうした思いもあるからこそ、イスラエル・パレスチナ問題についてのシンポジウムなどがあれば、できるだけ足を運ぶようにしてきた。

　イスラエル・パレスチナ問題の一方の当事者であるユダヤ人が虐殺されたホロコーストについては、これまで多くの現場に足を運んできた。アウシュヴィッツ・ビルケナウ強制収容所はもちろん、ユダヤ人最終問題を決定するためにナチス幹部たちが集まったヴァンゼー邸宅やドイツ国内のザクセンハウゼン収容所、ポーランド人によるユダヤ人大量虐殺が行われたイエドヴァブネ村などを訪ね、敷地内を歩き回った。

殺戮からはもう何十年も過ぎているけれど、その地にじっと立っていると、地表から靴の底を通して、かつてこの地で殺された人たちの悲しみや怒りや絶望が少しずつ浸み込んでくるような感覚がある。

もちろん錯覚だ。実際に何かの成分が靴底に沁み込んでくるはずはない。でも錯覚だとしても、僕の中の何かが土地の何かに呼応して感応することは確かだ。息を吸ったり吐いたりがうまくできなくなる。風邪の引きはじめのように背中にぞくぞくと寒気が走る。

現場に立つことの意味は、実際に当事者たちの話を聞いたり目撃したりすることだけではなく、自分の内なる何かを感応させることだと僕は思っている。できるだけリアルに。できるだけ等身大に。だからこそ、イスラエル・パレスチナ問題について、自分は安易に語るべきではない。ずっとそう思ってきた。

でも二〇一九年、これまで何度もパレスチナを訪問してきた「オリーブの会」の土肥俊子に誘われて、パレスチナを訪ねる予定で僕は航空チケットまでとった。ようやく行ける。現地での案内はエルサレム在住のガリコ美恵子に依頼する予定だった。でもフライト直前、猛威を振るい始めた新型コロナウイルスの流入を防ぐためにイスラエル政府は外国人の入国制限を宣言し、予定はすべてキャンセルされた。なぜこのタイミングで、と天を仰ぎたくなる。いや実際に仰いだはずだ。だからこそ今回、土肥敏子とガリコ美恵子には寄稿を依頼した。

ならば僕は、現在も今後も、イスラエル・パレスチナ問題については語るべきではないのか。沈黙はできない。だって現状はあまりにひどい。いや現状だけではない。二〇二三年一〇月七日のハマスの奇襲攻撃以前から、一九四八年の建国からずっとパレスチナ民に対するイスラエルのありかたは大幅に常軌を逸している。そして欧米を中心とした国際社会は、イスラエルの理不尽さに対して見て見ないふりを続けている。

そんな思いが高揚したときに論創社の谷川茂から、「イスラエル・パレスチナ問題について書籍を刊行できないだろうか」と相談された。しばらく考えた。僕にこの問題の解説はできない。でも声をあげることはできる。難民キャンプで出会ったアルヘンリー家の五人兄弟についてなら書くこともできる。多くの友人や先輩たちの力を借りることもできる。

ならば本は出せる。出さなければいけない。できることはすべてやりたい。とにかく止めたい。終わらせたい。

その思いでこの本は形になった。識者やジャーナリストやアクティビストたちが考えるイスラエル・パレスチナ問題。多面的な視座を提供できたと思う。そのうえであなたにも（読むだけではなく）考えてほしい。自分に何ができるのか。何をすべきなのか。自分のパートを書きながら、集まった多くの寄稿を読みながら、僕もずっと考え続けている。

【編集部より】各論考における用字・用語、とりわけ人名と地名、宗教、宗派などについては、それぞれの執筆者の記述を尊重し、統一はおこなっていない。

I

虐殺を止められない外交とは

パレスチナとイスラエルは、なぜもめ続けるのか?

高橋和夫

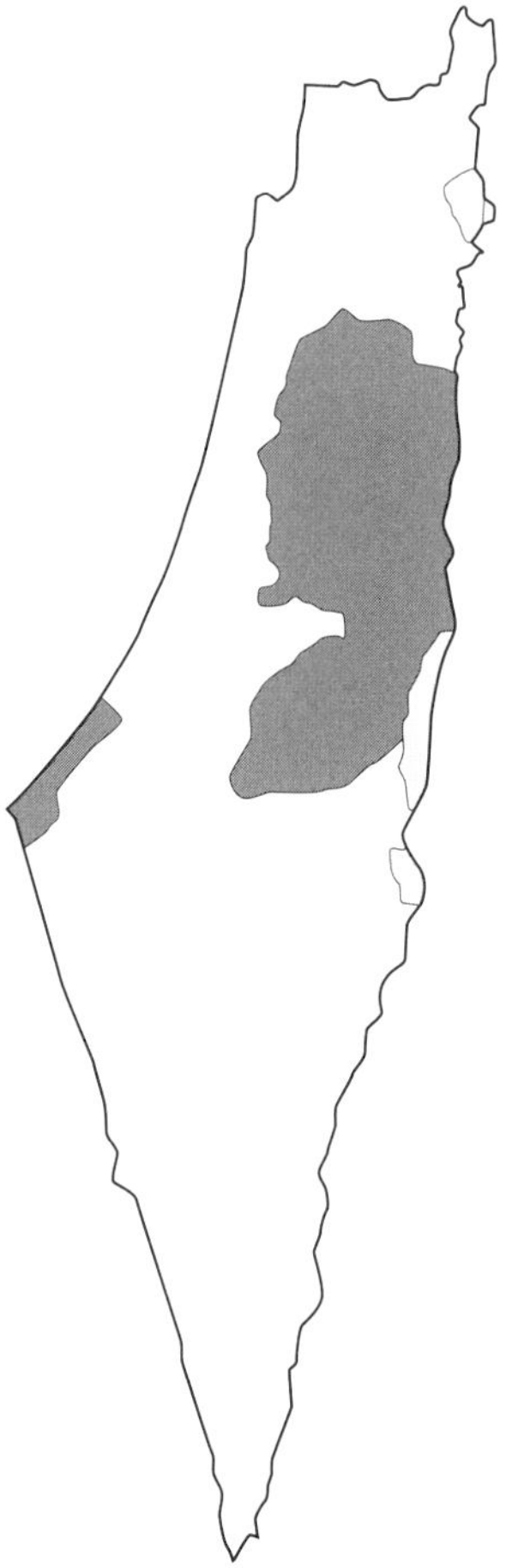

高橋和夫（たかはし・かずお）

福岡県北九州市生まれ。大阪外国語大学ペルシア語科卒業。コロンビア大学国際関係論修士、クウェート大学客員研究員、放送大学教員などを経て二〇一八年より一般社団法人先端技術安全保障研究所会長。著書に『アラブとイスラエル―パレスチナ問題の構図』（講談社現代新書）、『なるほどそうだったのか!! パレスチナとイスラエル』（幻冬舎）、『パレスチナ問題の展開』（左右社）、『なぜガザは戦場となるのか』（ワニブックス）、『なるほどそうだったのか！ ハマスとガザ戦争』（幻冬舎）、『ロシア・ウクライナ戦争の周辺』、『モデルナとファイザー、またはバイオンテック／中近東系移民の物語』（以上、ＧＩＥＳＴ）ほか多数。

高橋和夫の中東・イスラム・国際情報

https://news.yahoo.co.jp/expert/authors/takahashikazuo?page=1

1　構　造

「なぜもめ続けるのか？」との本章のタイトルの問いかけへの答えは簡単である。イスラエルが国際法を無視してヨルダン川西岸地区の占領を続けているからである。そして、ガザ地区を封鎖下に置いてきたからである。しかも西岸ではパレスチナ人の土地を奪い続け、その安全を脅かし、かつての南アフリカにおける人種隔離政策「アパルトヘイト」を想起させるような支配体制を維持しているからである。つまり、イスラエル国内ではパレスチナ系市民を二級市民扱いにし、占領地ではパレスチナ人の人権を蹂躙しているからである。パレスチナ人は占領下に苦しんでいるのみである。もはや譲歩するものなどパレスチナ人には、何も残されていない。

それでは、なぜ、こうした国際法無視の無法が許されてきたのだろうか。それは欧米が、イスラエルに対して断固とした対応をしてこなかったからである。特にアメリカは、そのイスラエルに多額の軍事援助を与えてきた。また外交的には国連の安全保障理事会で拒否権を行使してイスラエルに不利な決議の成立を阻止してきた。

それでは、なぜアメリカは、これほどイスラエルに甘いのだろうか。それは、アメリカ国内に強力なイスラエル支持勢力が存在するからである。この勢力の意向に反する政策の遂行は政治家にとって危な過ぎると考えられてきたからである。本稿では、このアメリカのイスラエル支持の構造を解説し、その構造の変化の兆しを紹介したい。

2 「パレスチナ」とは

本論に入る前に、パレスチナという言葉をめぐる議論を整理しておきたい。「パレスチナ」という言葉が何を意味するのか。それが、混乱しているようだからだ。まず、地理的な定義である。これは現在の国際的に認められた国境線内のイスラエルに加え、ヨルダン川西岸地区とガザ地区を合わせた地域を指す。これが歴史的な地理的な概念のパレスチナである。つまり、イギリスが第一次世界大戦後に国際連盟から委任を受けて統治した領域である。

ちなみに、日本など多くの諸国が認めているイスラエルの国境線はグリーン・ラインとも呼ばれている。この線は一九四八年の第一次中東戦争の戦後処理で引かれた。地理的な定義のパレスチナの約七八％がイスラエルであり、残りのヨルダン川西岸地区とガザ地区を合わせた部分が二二％ほどである。

この地理的な定義とは違って、ヨルダン川西岸地区とガザ地区を合わせた地域をパレスチナと呼ぶ例もある。したがって、パレスチナとして論者が何を指しているのかを、見極める必要がある。

こうした定義に関連して、言及しておきたいのは、この紛争の構図である。本章のタイトルのように、紛争は、しばしばイスラエルとパレスチナの対立として語られる。あたかもパレスチナという国家が存在してイスラエルに対抗しているかのようにである。しかし、イスラエルという国家は存在するが、パレスチナという国家は存在しない。存在するのは国家未然の組織であるパレスチナ暫定自治政府だ。

また多くの人々が、パレスチナ暫定自治政府がヨルダン川西岸全域を支配していると誤解している。だが、そうではない。左の地図を参照いただきたい。

この地図でC地区とされている白い部分はイスラエルの支配下にある。そして薄く塗られたB地区とA地区が自治区である。しかしB地区では、パレスチナ暫定自治政府は民生権のみを保持していて警察権はイスラエル側にある。同自治政府が民生権と警察権の両方を与えられているのはA地区のみである。地図で少し濃いめに塗られた地域である。

■ヨルダン川西岸

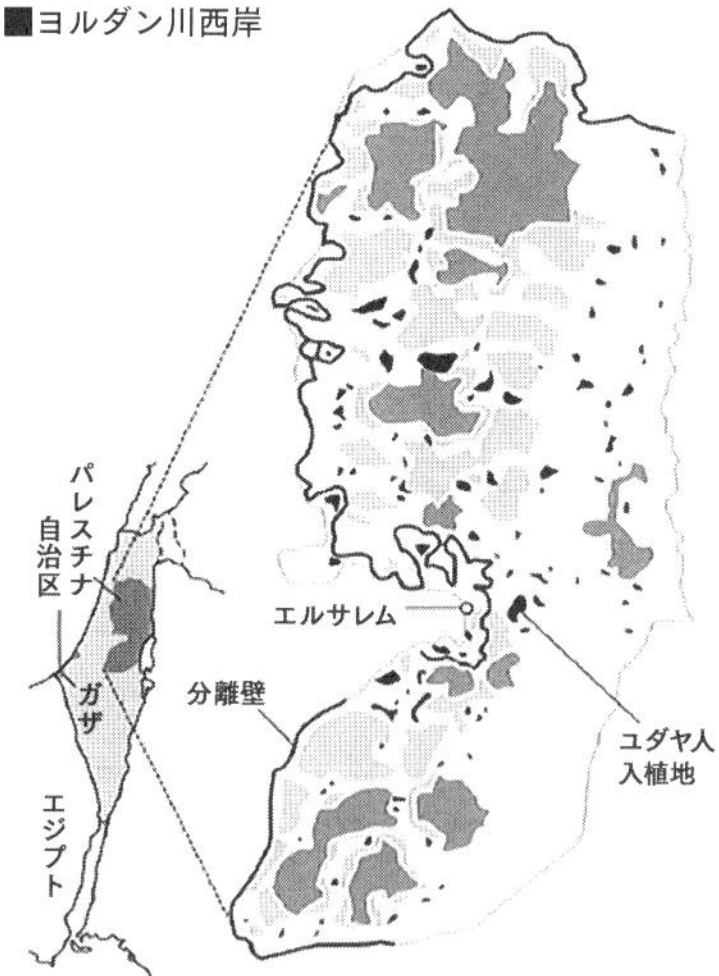

	行政	治安維持権限
A地区	パレスチナ	パレスチナ
B	パレスチナ	イスラエル
C	イスラエル	イスラエル

出典：国連人道問題調整事務所（OCHA）資料を元に作成

高橋和夫著『なぜガザは戦場になるのか　イスラエルとパレスチナ攻防の裏側』（ワニブックス、2024年）、20頁ページより

つまり、この自治政府は、ヨルダン川西岸地区のパレスチナ人が暮らす人口密集地域のみを支配している。しかも西岸で最大都市のエルサレムは例外で、イスラエルが支配している。パレスチナ暫定自治政府が支配する地域は、イスラエル支配地域の海に浮かぶ小島のような存在にすぎない。狭くバラバラに切り離されている。これが問題の構図である。

「パレスチナ」という言葉で、この自治政府に言及する場合もあり、混乱に拍車がかかっている。パレスチナを語る際には、「パレスチナ」という言葉で何を指しているのか明確にしたいものだ。

3　アメリカのユダヤ人

さて、本論のアメリカのイスラエル支持の構造に戻ろう。ガザ地区もヨルダン川西岸地区も国際法上は占領地である。しかし、イスラエルはガザを封鎖し、西岸への入植をおこなっている。こうした国際法違反がまかり通っているのは、前述のようにアメリカの支持があるからだ。そして、その背景には、やはり紹介したようにアメリカ国内のイスラエルを支持する勢力の影響力がある。それは第一にユダヤ系のアメリカ人の支持であり、第二にキリスト教原理主義勢力の力である。まず第一のユダヤ系のアメリカ市民のイスラエル支持を見ておこう。

ユダヤ・ロビー

政策を特定の方向に誘導しようと働きかける行為をロビー活動と呼ぶ。イスラエルを支持するユダヤ系市民のロビー活動は、ユダヤ・ロビーとして語られる。アメリカの首都ワシントンでは、その影響力の強さは伝説的である。

なにゆえ、それほどの影響力をユダヤ系の市民は持ちえたのだろうか。その人口は多めに見積もっても七五〇万人ほどである。アメリカの総人口の三億三五〇〇万の二％強にしか過ぎない。にもかかわらず、その人口比に不釣り合いなくらいの影響力をユダヤ系市民は持っている。

ユダヤ系の議員の数を見れば、その政界での成功がわかる。二〇二三年一月時点でアメリカ連邦議会では上下両院で三三人のユダヤ系議員がいた。上下両院の定数の合計は五三五人なので、これは六％となる。上院だけでみると、定数一〇〇人の内の九人がユダヤ系である。つまり、その比率は九％である。下院を見ると定数が四三五人でユダヤ系議員は二四人である。比率は五・六％となる。いずれも総人口比をはるかに上まわっている。データは、ユダヤ系の人々の政治の世界での大変な成功を示している。

その結果がアメリカのイスラエル支援につながっている。たとえば、一九七〇年代以来、アメリカの対外軍事・経済援助の二割がイスラエルに与えられている。この数字は、ユダヤ系市民の強力な政治力を物語っている。だが、その強力なロビー活動で知られているアメリカのユダヤ系市民は、前述のようにわずか七五〇万人である。数の力に頼れないとすると、その影響力の強さはどこから来るのだろうか。

第一に指摘しておきたい事実は、ユダヤ人以外で中東地域に強い興味を有している大きな集団が存在しなかった点である。アメリカの人口の大半を占めるキリスト教徒は、聖書の舞台である中東にそれなりの興味は抱いている。しかし、それは「強烈な」興味ではなかった。「強烈な」というのは、アメリカの中東政策をある方向に引っ張るために寄付をしたり、デモに行ったり、政治家に手紙を書いたりするほどの興味である。大半のアメリカ人が大した興味を示さなかったのであるから、少数の熱烈なイスラエル支持者がアメリカの中東政策を引っ張れた。

第二にユダヤ人の教育水準の高さに注目したい。ジャーナリスト、評論家、研究者、大学教員などを数多く出している。そのため、マスコミにおいて発言力が強い。またメディア企業そのものを所有している例もある。たとえばアメリカを代表する新聞『ニューヨーク・タイムズ』紙がユダヤ人に所有されている事実は広く知られている。

また、教育水準の高さは経済的な成功にもつながっている。そして、ユダヤ系市民たちは、その経済力をイスラエルのために使ってきた。アメリカの政治家の間では、ユダヤ人は気前のよさで知られている。たとえば、ビル・クリントンの例を挙げよう。クリントンは一九九三年から二〇〇一年まで二期八年の期間の大統領だった。そのクリントンが最初の大統領選挙の際に集めた政治資金のうちの個人献金の、実に四割がユダヤ系市民からのものであった。長い大統領選を勝ち抜くには、選挙戦の早い時期に十分な軍資金を集めることが重要だ。資金が十分でない候補には、寄付はますます集まらない。そして、選挙から撤退せざるを得なくなる。なぜならば、寄付をする方は、何らかの見返りを期待しているので、候補者が負けそうだと思われると、ますます寄付が集まらなくなる。寄付が捨て金になるからである。

ユダヤ・ロビーは、早期に支持候補を決めて資金を流し込む。候補者にとって資金集めが一番重要で、かつ一番難しい時期の寄付で、政治家に恩を売るわけだ。結果としてユダヤ人たちの寄付は、その額以上のインパクトを持ちうる。

ユダヤ人の多くは伝統的に民主党を支持しているので、特に同党の政治家にとってはユダヤ人の支持を得ることが肝要である。クリントン大統領にとってもそうであったし、二〇〇八年の大統領選挙で民主党の候補者指名を激しく争ったヒラリー・クリントンとバラク・オバマの両上院議員にとってもユダヤ系の人々の支持は重要だった。そして現在のジョー・バイデン大統領にとっても、そうである。

一一分後の承認

ユダヤ・ロビーの力の強さを示した最初の重要な例としては、一九四八年のアメリカによるイスラエルの承認がある。イスラエルは、この年の五月に成立した。そして、同じ年の一一月にアメリカで大統領選が予定されていた。アメリカの国務省はイスラエルの承認には消極的であった。それが、アラブ諸国との関係を悪くすると懸念したからだ。にもかかわらず、当時のハリー・トルーマン大統領は、イスラエルの成立宣言から一一分後という早さで同国の承認を発表した。世界最速の承認であった。

当時、アメリカのユダヤ系市民は六〇〇万人とされていた。その大半は、トルーマンの属する民主党の支持者であった。トルーマン大統領は、立場の弱い指導者だった。前任者は、アメリカ史上で最も偉大な大統領の一人と評されるルーズベルトであった。そのルーズベルトが、一九四五年四月に世を去ると、副大統領だったトルーマンが大統領に昇格した。そしてトルーマンは、一九四八年の大統領選に出馬した。

偉大なルーズベルトの後では、誰が出ても大きくは見えない。また選挙で選ばれた大統領ではなかったので、本物の大統領ではないという雰囲気が、どうしてもトルーマンには付きまとっていた。事前の世論調査では、共和党の対立候補がトルーマンを五％もリードしていた。しかし、本番の選挙の開票ではリードを許していたトルーマンが、明け方になって逆転した。対立候補が当選したとの誤報を出した新聞があったほどの接戦であった。不利との事前の予想であったので、トルーマンはユダヤ人の支持を強く必要としていた。それが一一分後の承認につながった。

このユダヤ・ロビーの司令塔的な存在が一九五四年に創立のＡＩＰＡＣ（American-Israel Public Affairs Committee、アメリカ・イスラエル公共問題委員会）である。このＡＩＰＡＣが、全米の五〇を超えるユダヤ人組織を束ねる役割を果たしている。ＡＩＰＡＣは、全米のユダヤ人のエネルギーをイスラエルのために結集する核となってきた。

ＡＩＰＡＣは、反イスラエルとみなす議員の選挙区に、刺客候補を送り込むなどの手法で、政治家のイスラエルに批判的な言動を封殺してきた。逆に親イスラエルの政治家には多額の政治献金を提供して支援する。

4　キリスト教福音派

一九八〇年代頃から、ユダヤ人以外で熱心にイスラエル支持を訴える勢力が政治的に台頭してきた。キリスト教原理主義とか福音派などと呼ばれる人々である。原理主義者とは、聖書を文字通り受け入れる人を指す。宗教右派とも呼ばれる。ここでは、自らが信ずるキリスト教的な価値を政治を通じて実現しようとする考えを原理主義として言及しよう。数で言うと、アメリカの有権者の十数%を占めている人々だ。概して投票率が高く、政治的には実際の数以上の重さを感じさせる存在だ。その主張は、進化論を否定し、同性愛を拒絶し、妊娠中絶を殺人とみなすなどだ。

ユダヤ系市民の大半は伝統的に民主党を支持しているが、宗教右派の白人は共和党の支持基盤の中核をなし、現在のアメリカの政治で大きな発言力を持っている。イラク戦争を始めたジョージ・W・ブッシュ（第四一代大統領ジョージ・H・W・ブッシュの息子）は、原理主義勢力の支持を受けて当選した大統領である。またブッシュ自身が三九歳の時に、カリスマ的な大衆伝道師の指導で「ボーン・アゲイン」を経験したとされる。ボーン・アゲインとは「再度生まれる」という意だが、日本語の「生まれ変わる」に近いニュアンスだろうか。ブッシュは、この経験によって享楽的な生活を終え、その後に政治の道に入ることになった。

さらに二〇一六年の選挙では原理主義勢力の支持を受けたドナルド・トランプが大統領に選ばれている。トランプは、この勢力に向けてイスラエル、特にネタニヤフ政権を熱烈に支持する政策を実施した。共和党にとって、この原理主義勢力は大票田だからだ。

それでは、キリスト教原理主義勢力は、なぜイスラエルを支持するのだろうか。この人々は、イスラエルの建国は聖書に記された古代王国が「神の御業（みわざ）」によって現代によみがえったと見なしているからだ。

しかも占領地への入植までも支持している。なぜならば、占領地を含む全パレスチナのユダヤ化がイエス・キリストの再臨の準備になると信じているからだ。であるならば、ネタニヤフ政権下でのイスラエルによるパレスチナ占領地への入植は、神の意志に従った行為となる。

なお、福音派の世界観では、キリストが再臨した後は、ユダヤ教徒はキリスト教徒に改宗するか、地獄に落ちることになっている。しかしながら、少なくとも世の終わりが来るまでは、シオニスト強硬派とキリスト教原理主義者は、同じ側に立って闘える。入植を進めるイスラエルのタカ派は、キリスト教原理主義という新しい同盟者を得た。

なお、こうした原理主義勢力とイスラエルのタカ派との連携を、快く思わないユダヤ系アメリカ人も少なくない。ユダヤ系は本来リベラルな人が多く、原理主義者の保守的な思想とは肌が合わないからである。

5　若者たちの反乱

こうしたアメリカのイスラエル支持の政治構造に、最近になって亀裂が走り始めた。今回のガザの惨状を見た多くのアメリカ人が、バイデン政権のイスラエル一辺倒の政策に疑問を抱き反対の声を上げるようになった。その傾向が特に強いのが若年層である。世論調査を見ると、若年層の七割がバイデンのガザ政策に批判的で、支持は二割程度しかない。

こうした若者層の批判的な認識の背景にある要因の一つはSNSではないだろうか。年齢が下がれば下がるほどテレビや新聞のような既存のメディアではなく、SNSでニュースを追う確率が高くなる。そしてSNSでは、ガザ現地から発信された厳しい状況の描写が鮮明な映像とともに画面を占めている。

イスラエルを批判するユダヤ人

若い層の中でも、特にユダヤ人によるイスラエル批判が注目される。占領の継続、アパルトヘイト的な傾向の深化、パレスチナ人に対する人権蹂躙などの状況が周知されるにつれ、伝統的にイスラエル支持であったユダヤ人の間で同国への批判が高まっている。

その理由のいったんは、第二次世界大戦中のホロコースト世代が世を去りつつあるからだ。この世代のアメリカのユダヤ人は、「自分たちだけが生き残ってしまった」、「ヨーロッパのユダヤ人を見殺しにしてしまった」という罪悪感に苛(さいな)まれてきた。その罪滅ぼしでもするかのように、イスラエルを支援してきた。

ところが、この世代がだんだんと去りつつある。その子どもの世代までは、イスラエルに対する思い入れが強い。だが孫の世代となると、そうした感情は薄らいでいる。

アメリカのユダヤ人の多くは、そもそもリベラルで人権に敏感である。一九六〇年代の公民権運動、つまりアメリカの黒人に投票権を認める運動などで黒人たちとともに闘った白人の多くはユダヤ系だった。人権に対する意識の高い人々には、イスラエルの政策は受け入れがたい。

さらに、アメリカのユダヤ人社会とイスラエルとの間の距離が広がりつつある背景には、ユダヤ教の解釈の問題がある。一方でアメリカのユダヤ人には、非宗教的であったり、ユダヤ教の伝統に必ずしも忠実でなかったりする層が多い。他方、イスラエルでは、宗教的に保守的な人々が多い。たとえばユダヤ教の聖地であるエルサエムの嘆きの壁での祈り方に関して論争がある。現状では壁の前の広場は左右に隔てられていて、壁に向かって左側で男性が、右側で女性が祈る。

アメリカのユダヤ教徒の一部が、この男女の分離に反対し、一緒に祈ろうとして論議を引き起こしている。伝統的なユダヤ教徒にとっては、それは受け入れられないからである。こうして、さまざまな要因から、アメリカのユダヤ人社会のイスラエル観は変化してきた。

6 アメリカのイスラム教徒

アメリカのアラブ系の市民やイスラム教徒も、バイデンのイスラエル支持に、特に強く反発した。アメリカにおけるイスラム教徒の人口の推定は、総人口の一パーセント強だ。実数にすると三百数十万ほどだ。ユダヤ系の人口の約半分である。しかし、イスラム諸国からの移民とキリスト教からの改宗により、イスラム教徒の人口が増えている。

イスラム教徒の人口比が最も高いのが、中西部の州ミシガンである。アメリカの自動車産業の中心である。このミシガンは「スイング州」として知られる。つまり大統領選挙ごとに民主党が押さえたり共和党が勝ったり、勝者が変わるのである。アメリカの政治では民主党は青色で代表される。共和党は赤色である。両者を混ぜわせると紫になるのでミシガンなどのスイング州は紫色の州としても言及される。ニューヨーク州のように「常に」と言ってよいほど民主党が勝つ州や、共和党が勝つ南部のケンタッキー州などとは違っている。そして大統領選挙の結果を決めるのは、ミシガンなどの幾つかのスイング州の行方である。

ちなみに、前回の二〇二〇年の大統領選挙ではバイデンがミシガンを押さえホワイトハウス入りした。差は一五万票ほどだった。その前の二〇一六年はトランプがこの州を押さえ、大統領選挙に勝利を収めた。この時の票数は一万票ちょっとだった。

このミシガン州の人口は約一〇〇〇万人であり、中東ルーツの有権者は約二六万人ほどと推測されている。つまり約三%である。わずかな数値ではあるが、接戦の際には、この三%の動向が選挙の結果を決める。このグループにはパレスチナからの移民もいる。そして、中東からの移民たちは、ガザ情勢の進展を重大な関心を持って見つめている。また、ガザの人々に多大な犠牲者が出ていることに心を痛めている。しかも、バイデン政権のイスラエル支持一辺倒とも見える政策に反発した。

そして七月にバイデンが撤退し、副大統領のカマラ・ハリスが民主党の大統領候補になった。ハリスは、イスラエルの「自衛権」を擁護しつつガザでの人道危機にも言及している。また停戦を求めている。バイデンよりは、少なくとも言葉の上では、バランスが取れてきた。

だがイスラエルに停戦を受諾させるテコとなる武器と弾薬の供与の停止に関しては明確に批判している。アメリカの市民の税金で武器と弾薬を送り続けると言明しているわけだ。ガザでは虐殺が止まっていない。この言葉だけの変化でバイデンが失った中東ルーツの人々を取り返せるのか。

トランプの反イスラム的な政策を考えると共和党への投票は予想しづらい。となると棄権票が増えるだろうか。あるいは緑の党などの弱小の政党の大統領候補に票が流れるのだろうか。その場合は、実質上はトランプに有利な結果となるだろう。スイング州は激戦州で接戦の州でもある。わずかの票数の変化が勝敗を左右しかねない。イスラム教徒の投票動向が注目される。

二〇二四年一一月の大統領選挙で、ハリスがミシガン州を失って敗れるというシナリオも想像できる。そうなると民主党はガザ政策で大統領選挙に敗れることになる。世論調査ではハリスとトランプの支持率は、あまりにも拮抗していて、結果を読み切れないのが現状である。ただ、これほどイスラム教徒の存在が意識された大統領選挙は初めてだ。

アメリカとは現在進行形の物語である。その物語の最新の章が、若年層の、特にユダヤ人のイスラエル認識の変化とイスラム教徒の増加だ。こうした兆候は、アメリカの中東政策の変化を予感させる。そして、ガザでの悲劇が、この変化を加速している。

（二〇二四年九月一二日　ハリス・トランプの大統領討論会の翌日に）

ガザ攻撃の世界史意味と国際規範の崩壊

酒井啓子

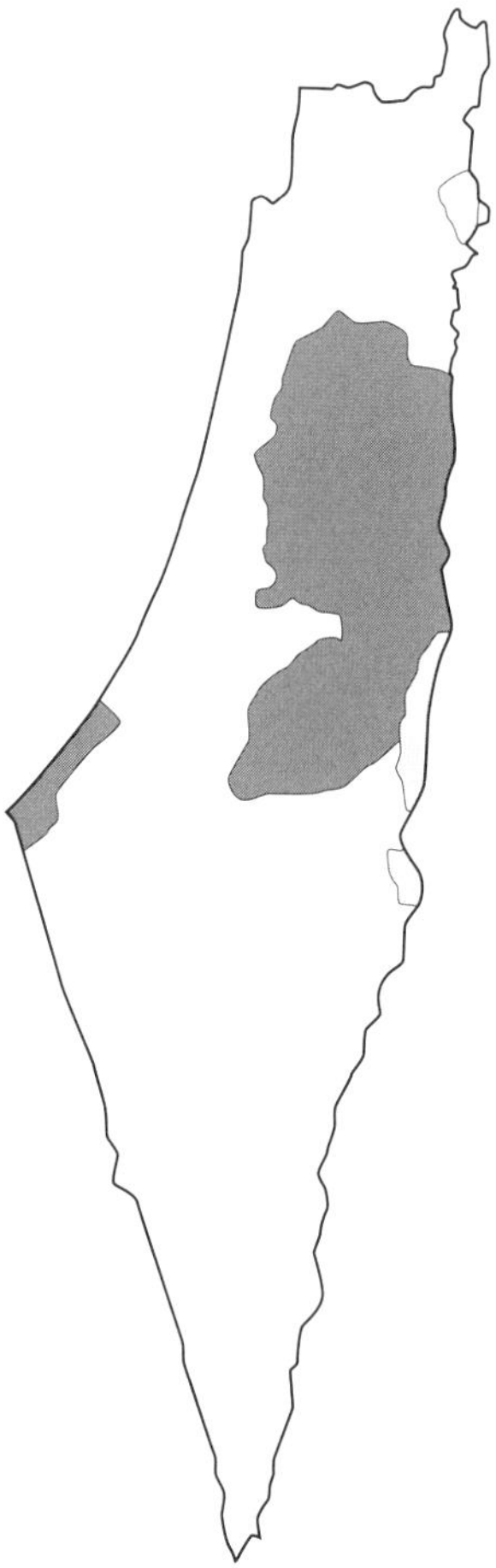

酒井啓子（さかい・けいこ）

一九五九年生まれ。中東地域研究者、国際政治学者。東京大学教養学科卒。ＪＥＴＲＯアジア経済研究所研究員、在イラク日本大使館専門調査員、カイロ・アメリカン大学客員研究員、東京外国語大学教授を経て、二〇一二年より千葉大学教授。二〇二四年より同特任教授。著書に、『イラクとアメリカ』（岩波新書）『九・一一後の現代史』（講談社新書）、『「春」はどこへ行った』（みすず書房）ほか多数。

はじめに

二〇二三年一〇月七日以降世界に起きていることとして、ガザで数万の住民が圧倒的な軍事力のもとで殺戮されていること、完全封鎖状態のなかで飢餓、衛生状態の悪化により死に瀕していることという、人道的危機の深刻さが第一に指摘できるが、加えて深刻視すべき点は、国連や人道支援組織、国際社会が、この紛争を解決できていないことだ。国連安全保障理事会は、繰り返し停戦決議を成立させようとしたが、主として米国の拒否権で数々の決議案が流れた。紛争を解決するための世界的、地域的なメカニズムも効果がなく、国際規範が機能していない。その現実は、国際秩序が転換点にあることを示している。

欧米先進国主導の国際秩序システムが機能不全に陥る一方で、各地で市民社会が反戦デモや集会を組織していることは注目に値する。特に「グローバル・サウス」の役割が注目される。南米やアフリカ、中東の一部の国はイスラエルとの外交関係を断絶したり、駐イスラエル大使を召還した。グローバル・サウス全体がガザ情勢に関して統一的な方向性を追求しているわけではないものの、米やEUに対する不信感がグローバル・サウスに独自の行動を促す傾向を生んでいる。

つまり、現在進行しているガザ戦争は、二国間関係や地域内関係だけでなく、国際社会全体においても、グローバルな規範構造や紛争解決のメカニズムに深刻な綻びを露呈させているのである。本稿は、ガザ戦争の地域的、世界的なレベルにおける影響を明らかにし、現代史における国際政治の広い文脈の中におけるガザ戦争の意義を明らかにしたい。

1　米主導中東和平構想の挫折

ガザ戦争の背景を理解するには、イスラエル／パレスチナにおける共存と排除という両者関係が、占領地内および周辺国関係のみならず、過去数十年間における欧米主導のグローバルな政治関係の交錯するなかでどのように変化していったかを見る必要がある。

まずイスラエル／パレスチナの両者関係と米国の主導する和平交渉がどのような状況にあったか、それが果たした役割を振り返っておきたい。ガザ戦争が露呈した最も明白な事実は、一九九三年のオスロ合意以来の二民族二国家案に基づく、米国主導の和平プロセスの失敗であろう。バイデン政権は二民族二国家案へのコミットメントを強調してはいるが、現在の衝突は、対等な二つの国民国家を持つという和平案が最初から幻想でしかなかったことを明らかにしている。オスロ合意最終地位交渉が破綻して以降、パレスチナ人居住地は年々減少し、ヨルダン川西岸ではイスラエル入植者がますます入植地を拡大している。パレスチナ自治政府（PNA）の主権、権限、権力はイスラエル至上主義の下で厳しく管理されており、パレスチナ人のためではなく、むしろイスラエル政府に代わってイスラエル政府の代理人として働き、西岸のパレスチナ社会の治安管理を担うことが期待されている。

このような現実においては、二国家といっても実際には、完全な主権を持つ支配的なイスラエルと、従属的な準国家パレスチナの並列を意味するにすぎない。むろんトランプ大統領が前政権時代に二民族二国家案を否定しているのは言うまでもなく、実質的にこうした解決案には限界が来ている。つまり、過去三〇年間の米主導の無理やりの和平案が終わりを告げたということだ。

2 入植者植民地主義の復活

破綻したのは米主導の中東和平構想だけではない。二度の大戦を経て終焉したはずの植民地主義の露骨な復活が、今回のガザ攻撃だともいえる。二民族共存の終わりは、ガザのだけでなく、西岸やイスラエル国内のパレスチナ人全体の消滅につながるかもしれない。そこには、イスラエルがイスラエル建国の初期に立ち返ること、つまり、誰が住んでいようとユダヤ人のための祖国を建設するという選択肢に立ち戻ったような志向が見える。イスラエルのディヒター農相は「ナクバ」という言葉を使い、「私たちは今、ガザのナクバを展開している」と述べたが、さらにクネセト議員のアリエル・カルナーは、今のナクバを最初のナクバである一九四八年を超えるほどの「第二のナクバ」を呼びかけ、「今掲げる唯一の目標、それはナクバだ!」と言った[1]。

今起きていることは、まさに一九四八年に起きた、パレスチナの住民を追放し消滅させたことの再来といってよい。二〇二四年五月、国連は「一九四八年のナクバと今日のナクバは別個の出来事ではなく、パレスチナ人の強制移住、置き換えの継続的なプロセスである」とするプレスリリースを発表し、「今日もなお、パレスチナ人はイスラエルによる入植、立ち退き、土地の没収、家屋の取り壊しによって土地を奪われ、家を追われ続けている」とした。[2]

このようにみると、イスラエルが入植者植民地主義に基づいて国家建設の歴史をスタートさせたことが改めて浮き彫りになる。[3] 一九六七年にガザとヨルダン川西岸地区を占領すると、イスラエルは占領地のパレスチナ住民から労働力を搾取するなど、排除型に加えて植民地型の占領を追求するようになった。占領地での効果的な搾取を維持し、非熟練労働者としてイスラエル経済に取り込まざるを得なかったがゆえに、第一次インティファーダ以降、イスラエル政府は「パレスチナ人との共存」を考えるようになったのである。

ナクバの復活は、インティファーダ以降の和平プロセスの概念を決定的に変容させるものである。現在行われている占領地からのパレスチナ人の排除と追放は、交渉につながる関係や交流を否定し、再度排除型の支配に基づくものだ。これは、先住民族を排除することが入植者にとって自分たちの安全と安心を維持するための唯一の解決策であると考え、「滞在するためにやってくる」入植者にとって、「侵略は出来事ではなく構造」だという、純粋な入植者植民地主義の復活である。[4] それはある意味では、入植者に対する脱植民地化闘争の後継者たち（パレスチナ人）と、ヨーロッパ入植者植民地主義の遺産に固執する国家（イスラエル）との闘いであるといえよう。南アフリカが、国際司法裁判所（ICJ）にイスラエルのジェノサイド認定申し立てを行ったのは、入植者植民地主義とそれに反対する人々との対立構造を明確に象徴している。

3 国際機関の機能不全

国連や関連国際機関が武力紛争を防ぐために無力であることを目の当たりにしたのは、ガザ戦争が初めてではない。とりわけイスラエルは、ジュネーブ条約の国際人道法はもちろんのこと、ほとんどの国連決議や命令をこれまでも遵守していない。国際機関にはイスラエルに国際法を遵守させる手段はなく、二〇〇四年にＩＣＪがパレスチナ占領地での壁建設に関する勧告的意見を出したときでさえ、ＩＣＪの助言は聞き入れられなかった。[5] イスラエル建国以来、国連総会はイスラエルの行動を非難する決議を一八〇本以上、安全保障理事会は二二七本も可決しているが、そのほとんどは実施されないまま放置されている。二〇二三年には四〇件の国連決議が採択されたが、いずれも停戦には至っていない。

さらに重要なのは、米国の拒否権が、国連のイスラエルに対して不利益となる決議を阻止してきたことである。最上敏樹氏によれば、アメリカは一九四六年から二〇二二年九月までに八三回拒否権を行使し、そのうち二三件はイスラエルに直接関係するものだった。[6]

国連安保理の拒否権制度の問題は以前から指摘されてきたが、さらに国連が財政面でも大国に依存しているという問題がある。特に、米国はしばしば国連に対する財政的圧力を強めており、中でもパレスチナ難民救済事業機関（ＵＮＲＷＡ）は頻繁に標的とされてきた。[7] オスロ合意以降のほとんどの期間、米国はＵＮＲＷＡへのトップドナーであったにもかかわらず、トランプ政権はＵＮＲ

ＷＡへの資金提供を削減した。[8] 二〇二四年一月末の、ＵＮＲＷＡ職員のテロ関与疑惑を理由にした資金供出停止も、その流れにある。

こうした国連の非効率性は以前から広く批判されており、国連機構改革の必要性も指摘されてきた。ガザでの「明白な人道法違反」を繰り返し批判したアントニオ・グテーレス国連事務総長は、国連安保理の信頼性の欠如に深い失望を表明し、二〇二三年一二月六日、国連憲章第九九条を発動した。安保理議長に対し「安保理理事国は、人道的大惨事を回避するよう圧力をかける」よう促したのであるが、国連事務総長による第九九条行使は、一九八九年以来初めてのことである。

国連安保理が機能不全なのと対照的に、他の国連機関は徐々にイスラエルを非難し、パレスチナ支援の方向でさまざまな行動を起こしている。南アフリカはＩＣＪへのジェノサイド申し立てに加え、二〇二四年五月一〇日にＩＣＪは、イスラエルに「ラファにおける軍事作戦の即時撤退と停止」を命じるよう要請した。同日、国連総会は、パレスチナの国家としての資格を国際機関で格上げする決議を採択したが、それは、国連安保理にパレスチナの正式加盟を認めるよう圧力をかけることが目的であった。五月二〇日には、国際刑事裁判所（ＩＣＣ）が、ハマスの政治指導者三人とイスラエルの有力政治家二人（ネタニヤフ首相とガラント国防相）に対する逮捕状を発行する決定を下している。

4　国際リベラル秩序の形骸化とグローバル・サウスの台頭

グローバル大国の無関心は、今回の紛争をめぐる外交活動に露骨に表れている。世界の主要国、特に米国とEUは、紛争を解決するために国際秩序と規範を維持することの重要性を繰り返し主張しているが、ガザの犠牲者への人道支援は遅れている。これはしばしばダブルスタンダードと批判されるものだ。

さらに二〇二二年二月のロシアによるウクライナへの軍事侵攻は、リベラルな国際秩序が機能不全に陥っていることの明白な証拠である。大国が他国を武力で攻撃し支配することを抑止・防止できる国際メカニズムは存在せず、それを支える国際秩序や国際規範に対する信念も欠如している。

ガザ戦争はこのような状況の中で起こった。国際社会が人道的規範に基づく平和構築を実施するために積極的に行動できないことに加え、ヨーロッパにおける反ユダヤ主義の歴史的過去のトラウマが、欧州各国政府がガザの犠牲者を救済することに制約を課している。欧州諸国におけるパレスチナ人への圧力は、アラブ人学者やイスラエルの政策に批判的な人々に対する嫌がらせや不当な扱いにまでエスカレートしている。国際的に有名なレバノン系オーストラリア人の人類学者ガッサーン・ハージは、かつてドイツの代表的な学術機関マックス・プランク協会の客員教授を務めていたが、彼の批判的な論稿が「反ユダヤ主義的」であるとして解雇された[9]。二〇二三年一二月、フランスの出版社Fayardは、イスラエルの歴史家でイギリスのエクセター大学教授であるイラン・パペの著書『パレスチナの民族浄化』の翻訳出版を中止した。[10] パペは、シオニズムとそのパレスチナ人に対する政策に批判的な著書や論文が多数あることで知られている。

その一方で、グローバル・サウスの役割を無視することはできない。いわゆる「グローバル・サウス」の存在は、米国が国際社会への関与を減らすのと並行してますます重要になっている。それを如実に示しているのは、ロシアによるウクライナ侵攻の際、米国主導の対ロシア制裁に全面的な支持を示すグローバル・サウスの国々は少なかったという事実である。トルコや湾岸アラブ産油国は、ロシアとの関係が自国の経済的利益にとって極めて重要だと考えていた。主要新興国を中心とするBRICSが中東のエジプト、サウジアラビア、アラブ首長国連邦（UAE）、イランを新メンバーに招聘すると発表したのは、ガザ戦争が起こるわずか一カ月半前のことだった。

特に中東諸国の最近の米国離れは、中東に対する米国の無関心さが増すとともに、サウジアラビア、UAE、エジプトといった同盟国に対する米国内での支援が低下していることへの反感、不信感から来ている。米国が二〇一〇－一一年の「アラブの春」で民主化勢力を支援したことから、以来中東の親米諸国は米国の政策に不満を示してきた。[11] アラブ湾岸君主国の最大の関心事は、国内で起こりうる反政府運動とペルシャ湾におけるイランの脅威だが、オバマ政権下の米国の支援は、この要求に答えることができなかった。トランプ政権はサウジアラビアの支配層との関係回復に成功したものの、湾岸の親米同盟国は自国の利益を確保するために独自の方法を追求する方向を取った。中国は二〇二三年六月のサウジアラビアとイランの国交回復の仲介で重要な役割を果たしたが、これは湾岸諸国が湾岸の安全保障問題に対する米国の支配力への依存を弱めていることを示す象徴的な出来事であった。

だがこのことは、グローバル・サウスが加盟国間の緊密な連帯と協力によって活性化したことを意味するものではないし、欧米に代わる新たなグローバル秩序を提供する用意があることを意味するものでもない。また、一九六〇年代の非同盟運動やアジア・アフリカ連帯運動に見られるような、国境を越えた強固な社会運動を反映しているわけでもない。ガザ戦争に関して、グローバル・サウスの側からは統一的な動きは見られないが、グローバル・サウスの国々の多くは、パレスチナ人への精神的な同情を表明している。

5　反イスラエル・非国家勢力の緩やかなネットワーク

ところで、レバノンのヒズブッラーや、イエメンのフーシ派、イラクのイスラーム抵抗勢力[12]など、いくつかの非国家勢力や準国家勢力が中東地域で反イスラエル活動を活発化させている。これらは「抵抗の枢軸」と呼ばれ、イランのイスラーム革命防衛隊（ＩＲＧＣ）によって支援されていると考えられている。

イスラエル・パレスチナ紛争において、イスラエルに対する国境を越えた暴力的抵抗ネットワークが決定的な役割を果たしてきたことは、今に始まったことではない。パレスチナの大義は、六〇－七〇年代は常にアラブ・ナショナリズムの中心的課題だった。だが「アラブの連帯」という物語がアラブ諸国の一党独裁政権の長期支配によって風化していったのに反し、一九八〇年代にはイスラーム主義者たちがイスラエルに対する「聖戦」を主張する重要な主体となった。アフマディネジャド・元イラン大統領が、ホロコーストとイスラエルの存在を否定し、「ヨーロッパ、アメリカ、カナダ、アラスカにあるあなたの土地の一部を彼らに与え、ユダヤ人が自分たちの国を建国できるようにしよう」と主張したのは、イスラーム主義全般のイスラエル認識を代表するものだといえるだろう。

とはいえ、実際の政治闘争においては、各国のイスラーム主義勢力はそれぞれの政権との闘争が最大の焦点であった。イスラム国（IS）にとっては、イスラエルとの闘いよりもカリフ制国家の復活がより重要だった。フーシ派やヒズブッラー、イラクとシリアにおけるイスラーム主義者といった「抵抗の枢軸」も同じである。「枢軸」を構成する各勢力は、「シオニストに対する聖戦」というイデオロギーで結ばれているというよりも、それぞれの国家利害、そしてイランの国家利害に縛られているといえる。例えばイラクのイスラーム抵抗勢力は、イスラエルを叩くよりもイラクにおけるアメリカのプレゼンスを終結させることを目的としており、イエメンのフーシ派は、イエメン内戦における交渉上の立場をより強固なものにするために、紅海の海上安全保障における自派の役割を強調しているのだ。

6　市民社会のグローバルな抗議行動

以上のような重層的な無力感の中で、戦争継続とイスラエルに反対する声は徐々に世界に広がっている。ワシントンDCのアラブ・センターが二〇二四年一月二四日に実施したアラブ一六カ国の世論調査によると、[13] 回答者のほぼ四分の三がイスラエルとの将来の和平の可能性に否定的な回答を示し、九〇%がイスラエルの承認を拒否している。本調査の対象となったアラブ諸国の多くで、パレスチナの大義はパレスチナ人だけのものではなく、アラブの問題であると考える声が、ガザ戦争以降増加している（サウジアラビアの場合、二〇二二年の六九%から二〇二三年一〇月七日以降は九五%、エジプトでは七五%から九五%）。

現在の戦争に対するアラブ社会のこのような不満は、自国の政権に対する不信感の増大につながっている。アラブ世論に関する上記の調査では、回答者のほぼ三分の二が、UAEとサウジアラビア政府の行動を評価することに否定的な回答を行っている。さらに、七六%がガザ戦争が始まってから米国との関係が悪化したと考えており、回答者の九〇%以上がガザ戦争における米国の役割を「非常に悪い」または「間違っている」と評価している。

こうした民衆の不満が、「アラブの春」のように、政権に対する広範な抗議行動を引き起こしたような大規模な反対運動に発展する可能性は低い。しかし、それは下からの抗議の兆しがないという意味ではない。コカ・コーラ、スターバックス、マクドナルドに対する自主的なキャンペーンを支援する試みは、アラブ・ボイコットの導入にアラブ諸国の政府が躊躇しているにもかかわらず、社会では拡大している。

イスラエルによるパレスチナ占領に反対する「ボイコット、投資撤収、制裁」を目指して二〇〇五年に発足したBDS運動[14]は、今や世界中に広まり、若者や学生組織から幅広い支持を得ている。

世界各国で展開する彼らのグループは活動を加速させ、イスラエルとの関係を断ち切るよう自国の財界に呼びかけている。二〇二四年四月以降、反戦デモはアメリカ、ヨーロッパ、中東、日本を含むアジア諸国、ラテンアメリカ諸国で広まり、特に抗議の座り込みキャンプを行う大学の数は二〇二四年五月までに世界中で一八八校に増えた[15]。

おわりに

この悲劇を食い止め、世界の平和、安定、相互信頼、多元的共存を取り戻すためには、何が必要なのか。そのためにはどのような制度やシステムを導入すべきなのか。虐殺や紛争をやめさせ、世界秩序を維持するための新たなグローバル・システムを確立すること、あるいは再構築することは、最初に取り組むべき、そして最も必要な問題であろう。そこでは、グローバル・サウスが国際政治の意思決定プロセスに参加できる場を増やすことが決定的に求められている。欧米の大国の役割のみを基盤とする既存のシステムに代わる、新たな紛争解決と平和維持の方法を模索し、導入すべきである。

もうひとつは、市民社会とグローバルな政治との間にどのようなつながりを生み出すかという問題である。過去一〇年間に数多くのデモや抗議運動があったにもかかわらず、これらの声が世界政治の舞台に届くことはほとんどなかった。街頭での抗議行動と世界のトップ政治家たちによる政治との間にますます広がるギャップは、相互不信、予期せぬ暴力や望まぬ衝突、より深刻な紛争の可能性を高めるだけだ。

最後に、イスラエル・パレスチナ関係に希望はあるのだろうか。根幹まで立ち戻れば、民主主義と、異なる民族、宗教、共同体の社会集団間の完全な平等を備えた一つの国家としてのイスラエルを建設するという、もうひとつの建国理念を再度復活させることが、唯一の解決法である。これまで、理想のユダヤ人国家であると同時に民主主義国家であろうとすることは、イスラエル国家にとって根本的かつ重要な存立のジレンマであった。そのジレンマを、楽な形で実現しようとしてきたのが、パレスチナ人を差別し、究極的にはそれを物理的に排除する、という政策だった。その楽な方法をとらずに直接ジレンマの解決に向き合いさえすれば、つまりパレスチナが完全に平等な人権を持つ民主主義体制の構成員として政治と経済に参加することができれば、本当の意味での脱植民地化をユダヤ人とパレスチナ人の双方で達成できることになる。

今、対立する両者は、この理想的なビジョンから遠く離れてしまったかもしれない。だが、これだけの災難に見舞われた後でも和平を追求するのであれば、それはまだ夢見るに値する。

（二〇二四年七月五日）

注

1　New York Times, Nov., 2023.
https://www.nytimes.com/2023/11/05/world/middleeast/israel-egypt-gaza.html（二〇二四年三月二〇日アクセス）

2 国連パレスチナ人の不可侵の権利の行使に関する委員会（CEIRPP）は、歴史上初めて、二〇二四年五月一五日にニューヨークでナクバ七五周年記念式典を行った。
https://press.un.org/en/2024/gapal1467.doc.htm

3 ハリディ、ラシード（鈴木啓之、山本健介、金城美幸訳）『パレスチナ戦争：入植者植民地主義と抵抗の百年史』（法政大学出版局、二〇二三年）

4 Wolfe, Patrick. Settler Colonialism and the Transformation of Anthropology: the politics and poetics of an Ethnographic Event, Cassel. 1999./ Veracini, Lorenzo. Settler Colonialism : A Theoretical Overview, 2010. Palgrave Macmillan.

5 国際司法裁判所はイスラエルに対し、パレスチナ政策に関する四つの命令（二〇〇三年一二月一九日、二〇〇四年一月三〇日、二〇二三年二月三日、二〇二四年一月二六日、南アフリカが申し立てた命令）と、パレスチナ占領地における壁建設の法的影響に関する二〇〇四年七月九日の勧告的意見（Advisory Opinion）を出している。
https://www.icj-cij.org/advanced-search（二〇二四年五月二二日アクセス）参照。

6 最上敏樹『国際法以後』（みすず書房、二〇二四年）

7 J・ミアシャイマーは一九八二年以降、米国が拒否権を発動したケースを三二件数えている（Mearsheimer and Walt. . The Israel Lobby and U.S. Foreign Policy. New York: Farrar, Straus and Giroux.2007, p.2）。
Hanafi, Sari, Leila Hilal and Lex Takkenberg. UNRWA and Palestinian refugees: from relief and works to human development, Routledge. 2014.

8 日本の外務省の公式ウェブサイトによると、一九九四年から二〇〇四年までのＵＮＲＷＡへの資金のほぼ五分の一は米国からで、次いでＥＵ（約一七％）である。

9 https://www.mofa.go.jp/mofaj/area/chuto/palestin/p_sien.html（二〇二四年三月二〇日アクセス）

10 https://www.mpg.de/21510445/statement-ghassan-hage（二〇二四年三月二〇日アクセス）

11 Pappe, Ilan. The Ethnic Cleansing of Palestine, London and New York：Oneworld. 2006.

12 ヒラリー・クリントン米国務長官が、湾岸協力会議（GCC）合同軍がバハレーンに介入しデモを鎮圧した際、「彼らは間違った道を進んでいる」と発言したのは、好例である。

13 イスラーム抵抗運動の母体となるPMUは、二〇一四年六月にイラクでイスラム国（IS）との戦闘のために動員された自発的な抵抗組織である。彼らは主にイラクの与党内の親イラン民兵や軍事部門に率いられており、IRGCの訓練を受けていた。

14 カタールの Arab Center for Research and Policy Studies によるオリジナル・レポートを参照。https://www.dohainstitute.org/en/Lists/ACRPS-PDFDocumentLibrary/arab-opinion-war-on-gaza-full-report-en.pdf（二〇二四年三月二〇日アクセス）

15 BDS運動の公式ウェブサイト　https://bdsmovement.net/

16 米国のネットワーク「students 4 Gaza」による。https://students4gaza.directory/（二〇二四年五月二二日アクセス）。

日本とパレスチナの関係

――理想の関係は描けるか

鈴木啓之

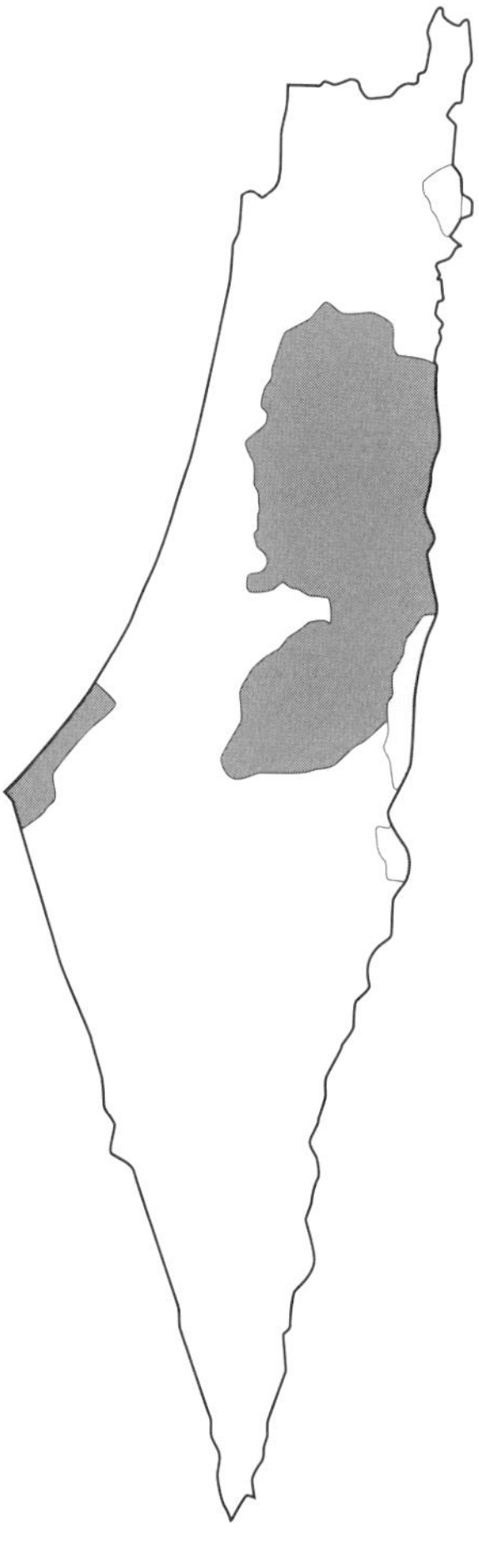

鈴木啓之（すずき・ひろゆき）

一九八七年、神奈川県生まれ。博士（学術）。日本学術振興会特別研究員PD（日本女子大学）、同海外特別研究員（ヘブライ大学ハリー・S・トルーマン平和研究所）を経て、一九年九月より東京大学中東地域研究センター特任准教授。専門は中東地域研究（中東近現代史）。著書に『蜂起〈インティファーダ〉』（東京大学出版会）、共編著に『パレスチナを知るための六〇章』（明石書店）、『パレスチナ／イスラエルの〈いま〉を知るための二四章』（明石書店）、編著に『ガザ紛争』（東京大学出版会）、共訳書にラシード・ハーリディー著『パレスチナ戦争』（法政大学出版局）がある。

日本とパレスチナは、長年にわたり「特別」な関係で結ばれてきた。このように書くと、「やはり、日本はパレスチナ贔屓なのか」と早合点する読者がいるかもしれない。ここで私が意図する「特別」とは、一九七〇年代から八〇年代にかけて日本がパレスチナの人びとと取り結んだ関係を意図してのことである。特に政府レベルでは、「半公式」とも呼ぶべき関係が結ばれていた。これを如実に示す資料を一つ引用したい。

We are of the view that the establishment of a PLO office in Tokyo would be highly conductive to the promotion mutual understanding between two [Palestinian and Japanese] people.

（ＰＬＯ事務所が東京に開設されることは、両国民のあいだの相互理解を促進するために非常に生産的なことであると我々は考えている）

この英文は、外務省外交史料館が収蔵するファイル「日・ＰＬＯ関係」（2014-2794）に綴じられた「下書き」から引用したものである。宛先はパレスチナ解放機構（ＰＬＯ）レバノン事務所代表のシャフィーク・フートという人物であった。書簡の発信者は、当時の外務省中近東アフリカ局長であった中村輝彦である。

私自身がこの書簡の「下書き」に初めて触れたのは、二〇一八年の頃であったと記憶している。しかし、書簡が発出されたこと自体は、それ以前から認識していた。と言うのも、書簡を受け取った当人であるフートが、英語で著した回顧録『ＰＬＯでのわが人生』（My Life in the PLO）に、この書簡のことを書いていたからである。フートは、一九七五年八月一九日の日付が入った「外務省次席Ｔｅｒｏｈｉｋｏ　Ｎａｋａｍｕｒａ」からの書簡を羽田空港で受け取ったと述べている。中村の肩書きや氏名に誤記はあるのだが、フートが強調していたのは、この書簡が一九七七年のＰＬＯ東京事務所開設への足がかりとなったという点である。

実際のところ、フートへの応接には、「私人」として来日した人物とは思えない厚遇ぶりが見られた。羽田空港では、自民党議員の大鷹淑子がフートを迎え、空港ラウンジで国内メディア向けの記者会見が行われた。フートは、アラビア語の「ジャミーラ」（麗人）の異名とともに、大鷹による空港出迎えについても回顧録に記している。「ジャミーラ」という名前は、大鷹がジャーナリストとして活動していた頃に中東に渡航し、パレスチナ問題への関わりを始めた際に得たものだった。

また、フートは自民党議員の宇都宮徳馬とも面会を行っている。宇都宮はアルジェリアの対仏独立戦争に強く共鳴し、アルジェリア民族解放戦線（ＦＬＮ）の事務所が一九五八年に東京に開設されることに尽力した人物であった。大鷹と宇都宮は、後に一九七九年の日本・パレスチナ友好議員連盟の立ち上げに尽力し、それぞれ事務局長と初代代表に就任している。いまだ政府として公的な関係を構築していなかったものの、パレスチナ人の代表組織であるＰＬＯのヤースィル・アラファート議長の初来日（一九八一年）を実現したのは、この日本・パレスチナ友好議員連盟であった。当時のパレスチナに対する日本外交は、いわば国会議員を含む政財界の人物による独自の活動によって支えられていた。

この章では、現在の日本政府による対パレスチナ外交の基本を整理したうえで、かつての「特別」な関係が持っていたダイナミズムを想起する作業を経て、より望ましい日本社会とパレスチナとの関係を考えてみたい。

日本政府としての対パレスチナ政策

日本政府がパレスチナとの外交関係を公的なレベルで開始するのは、一九九三年のオスロ合意を経てからのことである。それはつまり、パレスチナ人の政治主体としてアメリカを始めとする世界各国から承認を得てからのことだった。日本の外務省としては三本柱（①関係者との政治対話 ②当事者間の信頼醸成 ③パレスチナ人への経済的支援）を軸に、対パレスチナ外交を展開することになった。

「関係者との政治対話」とは、日本政府としてイスラエルとパレスチナ双方との関係を構築することを意味する。実際のところ、首相として一九九五年九月に現地を初めて訪問した村山富市（とみいち）は、イスラエルとパレスチナ双方に足を運んだ。PA設立以前に日本の閣僚がイスラエルを訪問した事例は三例のみであり、その最初は一九八八年六月の宇野宗佑外務大臣による訪問だった。

メロン・メドジニは、この訪問について、「ただし、この訪問はイスラエルにとっては侮辱的なものであった」と述べる（メロン・メドジニ「日本・イスラエル関係」、浜中新吾編『イスラエル・パレスチナ』二〇頁）。というのも、宇野は一二時間と限られた訪問時間のうち、四時間をベツレヘムのパレスチナ難民キャンプ訪問に充てていたからである。この段階から、日本政府の「バランス外交」

の片鱗を認めることができるだろう。一九九五年の村山によるイスラエル・パレスチナ訪問以後、大臣や副大臣による訪問は基本的にイスラエル・パレスチナの双方をセットとして実施され続けている。

例外的なのは防衛庁（現・防衛省）関係者によるイスラエル訪問であり、外務省のWebサイトに依拠すれば、久間章生防衛庁長官（一九九六年七月）、石破茂防衛庁副長官（二〇〇一年一月）、木村隆秀防衛副長官（二〇〇六年一二月）、長島昭久防衛大臣政務官（二〇一〇年五月）、神風英男防衛大臣政務官（二〇一二年四月）、大野元裕防衛大臣政務官（二〇一二年一一月）が該当する。メドジニの言葉を再び借りれば、「大きな［イスラエル・日本関係の］躍進は二〇一二年の安倍晋三の首相就任後に起こった」（同、二四頁）。防衛関連分野での関係が構築され、民間部門からの対イスラエル投資も飛躍的に成長を遂げた。一例として、二〇一二年には二億円程度であった日本からイスラエルへの投資額は、二〇二一年に過去最高の三四〇〇億円（二九億ドル）に達した。ハイテク産業やスタートアップへの投資が軸であり、二〇一七年に締結された日・イスラエル投資協定も追い風になった。

「当事者間の信頼醸成」については、日本政府として二国家解決を求め、そのために外交的努力を実施することを意味している。特に日本政府は、「パレスチナ人の独立に向けた悲願を理解」する立場にあり（外務省Webサイト）、パレスチナ国家の建設が望ましいとの見解を明確にしている。また、東エルサレムを含むヨルダン川西岸地区で実施されるイスラエルによる入植活動は、国際法違反であるとの立場にある。ただし、アメリカやノルウェーのように、イスラエルとパレスチナの和平交渉を仲介する役割を日本が果たしたことはない。この点において、第三の柱とも関連するが、パレスチナ人の置かれた社会的状況の脆弱性を改善することに注力する外交が際立っている。

三本柱の最後に掲げられた「パレスチナ人への経済的支援」は、特に日本政府が力を入れている事業である。外務省のＷｅｂサイトに依拠すれば、一九九三年から二〇二四年五月段階までに、日本の対パレスチナ支援総額は二五億ドルに達している。また、二〇〇六年にはヨルダン川西岸地区の都市エリコを拠点に日本独自の支援プロジェクト「平和と繁栄の回廊構想」が発表された。当初は農産加工団地として構想されたものが、現在では中小企業や企業家を支援する事業として展開されている。

日本によるパレスチナ人に対する支援は、一九五三年に開始された国連パレスチナ難民救済事業機関（ＵＮＲＷＡ）を通したものを考慮すれば、戦後日本外交のかなり初期段階から実施されてきた。そしてＰＡが設立されたことで、日本からパレスチナ人への経済支援は、国連を経由したものに留まらず、ＯＤＡなどの形で直接的に実施されるものへと広がった。これに関連して、東南アジア諸国と日本によるパレスチナ支援の枠組みである「パレスチナ開発のための東アジア協力促進会合」（ＣＥＡＰＡＤ）が二〇〇九年に立ち上げられた点も言及すべきだろう。インドネシア、マレーシア、ベトナムなどと協調する形で、多国間による対パレスチナ支援の取り組みが進められている。

一方で、こうした従来の取り組みは、二〇二三年一〇月七日以降の厳しい情勢のなか、見直しを迫られていると言わざるを得ない。特に圧倒的な軍事力によってガザ地区をイスラエルが攻撃するなかでは、「バランス外交」が機能する望みは薄い。それればかりか、最終的には二〇二四年四月に撤回することになったものの、戦闘が継続するなかでUNRWAに対する資金拠出を一次停止するという性急な判断を一月末に行ったことで、日本によるパレスチナ人への経済支援の信頼が大きく揺らぐ事態に至っている。では、日本とパレスチナの理想の関係はどのように模索されるべきなのか。

パレスチナと日本の結節点

日本とパレスチナの関係を考える際に、改めて振り返るべき文書がある。一九七三年一一月二二日に二階堂進官房長官によって発表された、通称「二階堂談話」である。それまで、日本社会からパレスチナへと関心を向けていたのは、一部のクリスチャンのほか、知識人や学生、さらには革命主義グループであった。同時代的にアジア・アフリカ諸国での脱植民地化の動きがあり、日本赤軍による「パレスチナ」へのメンバー派遣、そして一九七二年五月三〇日にはテルアビブの国際空港での襲撃（リッダ闘争）が発生していた。東京のアラブ連盟駐日代表部は、写真展やファッションショーなどを開催してパレスチナ問題に対する日本世論を喚起しようと試み、日本社会のなかで一定の認知度を得るに到ったものの、いまだ日本政府による反応を引き出せずにいた。二階堂談話は、そうした時代に終わりを告げるものだった。

1　わが国政府は、安保理決議二四二の早急、かつ、全面的実施による中東における公正、かつ、永続的平和の確立を常に希求し、関係各国及び当事者の努力を要請し続け、また、いち早くパレスチナ人の自決権に関する国連総会決議を支持してきた。

2 わが国政府は、中東紛争解決のために下記の諸原則が守られなければならないと考える。

(1) 武力による領土の獲得及び占領の許されざること。

(2) 一九六七年戦争の全占領地からのイスラエル兵力の撤退が行なわれること。

(3) 域内のすべての国の領土の保全と安全が尊重されねばならず、このための保障措置がとられるべきこと。

(4) 中東における公正、かつ、永続的平和実現に当つてパレスチナ人の国連憲章に基づく正当な権利が承認され、尊重されること。

3 わが国政府は、上記の諸原則にしたがつて、公正、かつ、永続的和平達成のためにあらゆる可能な努力が傾けられるよう要望する。我が国政府としても、もとよりできる限りの寄与を行なう所存である。

わが国政府はイスラエルによるアラブ領土の占領継続を遺憾とし、イスラエルが上記の諸原則にしたがうことを強く要望する。わが国政府としては、引続き中東情勢を重大な関心をもつて見守るとともに、今後の諸情勢の推移如何によつてはイスラエルに対する政策を再検討せざるを得ないであろう。

この談話は、一九七三年一〇月の第四次中東戦争と、これに伴うオイルショックの発生を受けて発表された。第四次中東戦争では、主にエジプトとシリアがイスラエルとの戦闘に従事した。当初は奇襲が功を奏したものの、イスラエルに戦局が傾いていくなかで採用されたのが、アラブの産油国による石油戦略である。「非友好国」への石油輸出の停止と、段階的な石油減産が打ち出され、原油価格はおよそ四倍に高騰した。オイルショックは日本の高度経済成長に終焉をもたらし、政府はパレスチナ問題への姿勢を明確にせざるを得なくなった。

米ソ冷戦がいまだ世界情勢を左右していた時期に、日本の中東外交はアメリカの外交方針とは異なる独自の道を歩み始めた。二階堂談話は、パレスチナ人の「正当な権利」が承認、尊重されることを日本政府として求め、情勢の展開次第ではイスラエルとの外交関係を変更するという、踏み込んだメッセージであった。翌月には三木武夫副総理を団長とする外交ミッションがアラブ諸国に派遣され、日本政府としてのパレスチナ問題に対する姿勢を改めて訴えた。アラブ石油輸出国機構（OAPEC）から「非友好国」としての扱いを受けないように、日本政府が外交努力を続けていたことが窺われる。

この三木ミッションには、本稿の冒頭で名前を挙げた中村輝彦が参事官として参加していた。フートが羽田空港に到着する二年前、すでに日本政府としてパレスチナへと向き合う下地は整っていたのだ。もちろん、石油資源の確保を目的とした中東政策の変更は、「アラブ外交」ならぬ「アブラ外交」との批判を免れなかった。一方で、アメリカの対中東政策と軌を一にすることなく、日本が独自の中東外交を展開した点は、今日的な観点から改めて評価に値すると言えよう。

「自民党総裁」三木武夫とＰＬＯ幹部の面会

パレスチナと日本の関係は、一九七六年にＰＬＯの中枢幹部が自民党の招聘によって来日することで、さらに発展していった。この年の四月から五月にかけて、ＰＬＯの「外務大臣」とも称された政治局長ファールーク・カッドゥーミーが、東アジア「外遊」のなかで日本を訪問した。カッドゥーミーに対する厚遇ぶりは、随行したフートが記録したカッドゥーミー自身の言葉によくあらわれている。フートによると、羽田に降りたった機中から出迎えの車列を目にしたカッドゥーミーは、「この飛行機には、誰かＶＩＰが乗っているようだ」と呟いたと言う（フートの回顧録に依拠）。実際のところは、車列はカッドゥーミー自身を迎えに来たものだった。

カッドゥーミーの来日も、あくまで「私的」なものとして取り扱われた。しかし、その応接のあり方は、やはり「特別」なものだったと言えるだろう。オイルショック直後の中東派遣ミッションを率いた三木武夫は、カッドゥーミーの来日時には総理大臣になっていた。カッドゥーミーは、この三木との会談を自民党本部で実施するに至る。外務大臣の宮澤喜一との面談も、同様の設定のもとで行われた。当時の記録を見ると、これらの応接は、あくまで招聘主体の自民党として実施したものであり、日本政府による公式のものではないとの発言が散見される。

この言葉は、国内ばかりではなく、アメリカを筆頭とする西側諸国に向けた方便であった可能性が高い。オイルショックを契機に、独自の中東外交を展開する日本に対して、西側諸国は懸念を深めていた。日本が再びアメリカと協調した対中東政策へと舵を切り、さらには積極的な協力を惜しまなくなるのは、一九九〇年の湾岸危機、さらに二〇〇一年の九・一一事件から二〇〇三年のイラク戦争へと至るなかでのことである。

一九七〇年代から八〇年代にかけての日本政府の動きについて、PLOレバノン事務所のフートは、パレスチナ人が日本の変化を機敏に感じ取り、与党である自民党へとアプローチした成果であると強調する。実際のところ、アラブ世界においても、一九七三年のオイルショック以降、日本の対中東外交が大きく転換したことはよく認識されていた。一九五三年から資金拠出を続けてきた国連パレスチナ難民救済事業機関（UNRWA）への拠出金が大幅に増額されたのは、その一例である。一九五三年一二月の閣議決定によってUNRWAに初めて送金された金額は一万ドルだった。しかし、一九七四年には、年間の拠出額が五〇〇万ドルに達した。これは、それまでのおよそ二〇年にわたるUNRWAへの拠出金総額を上回る金額であった。

市民社会からのアプローチ

フートやカッドゥーミーとの調整を経て、東京の代官山（青葉台）にPLO東京事務所が開設されたのは、一九七七年二月のことである。PLO東京事務所は、月刊誌『フィラスティン・びらーでぃ』の刊行（一九七九～八三年）に代表される広報活動を行い、日本社会にパレスチナ問題の情報を発信する役割を担った。また、一九七九年には宇都宮を代表、大鷹を事務局長として日本・パレスチナ友好議員連盟が結成された。この組織が招聘主体となって一九八一年一〇月にアラファートPLO議長の来日が実現したのは、先に述べたとおりである（アラファート招聘時の議連会長は元外務大臣の木村俊夫）。この訪問時には、官邸で首相の鈴木善幸とアラファートの会談が実施された。

この一九八〇年代は、日本の市民社会からパレスチナへとかかわる取り組みが、具体的な形となってあらわれた時代でもあった。契機となったのは、一九八二年六月に起きたイスラエルによるレバノン侵攻である。一九七五年から、レバノンは内戦状態にあった。世界的に見ても特異な宗派体制を持つレバノンでは、マロン派キリスト教徒やイスラム教スンナ派、シーア派、ドゥルーズといった宗派グループが、政治的・経済的利権を棲み分ける状態にあった。ここに一九七〇年にヨルダンの拠点を失ったパレスチナ人の武装グループが加わることで、アラブ人同士が争う内戦へと発展していた。

この内戦期間中に行われたイスラエルによる侵攻は、弱体化の兆しを見せていたPLOを「テロリスト」であると名指し、レバノンからの完全排除を目指した。首都ベイルートは包囲され、軍事的に敗北したPLOの主力勢力はチュニジアやイエメン、イラクなどに逃れた。自衛の手段を失ってレバノンに残されたパレスチナ難民には、追い打ちをかけるように内戦中に激しい敵対関係になっていたマロン派系民兵集団が虐殺行為に及んだ。

首都ベイルートにある二つの難民キャンプであるサブラーとシャーティーラーで、三〇〇〇人近くのパレスチナ難民が殺害されたが、この出来事はキャンプ周囲に展開していたイスラエル軍が故意にマロン派民兵集団の虐殺を見逃した、または夜間の照明弾の発射によって積極的に支援したとの疑惑を呼び、イスラエル国内でも平和運動の高まりをもたらした。一九八二年九月にテルアビブで実施されたデモには、四〇万人が参加したと言われている。

日本では一九八三年三月に「イスラエルのレバノン侵略に関する国際民衆法廷」（ＩＰＴＩＬ）が四日間にわたって開催され、イスラエルの人権派弁護士フェリツィア・ランゲルやイスラエル国籍パレスチナ人で詩人のタウフィーク・ザイヤードなどが招聘された。さらに、一九八四年には「パレスチナの子どもの里親運動」が設立されたことを端緒に、市民団体によるパレスチナと関わる動きが日本国内で活発になった。板垣雄三の言葉を借りれば、「こんにち日本でパレスチナとかかわる市民団体で全国展開する主要なものが勢揃いする時期」が一九八〇年代であった（板垣雄三『復刻版〈パレスチナ問題を考える〉シンポジウムの記録』第三書館、奥付八頁）。

市民グループによる活動は、パレスチナに対する日本との関わりを支え、広げることに貢献した。一方で板垣は、一九九三年のオスロ合意を経てもなおパレスチナ問題の解決が見られないばかりか、激しい衝突となった二〇〇〇年からのアル＝アクサー・インティファーダという厳しい現実を経て、次のように指摘する（同、奥付一二頁）。

日本の市民レベルではパレスチナとかかわる動きは、この段階で、仮に自分たちの活動を医療・福祉・教育・フェアトレードなど人道的協力に限定したとしても、活動それ自体が「政治」と無縁ではいられないという状況とするどく向き合うことになる。人権や人間的尊厳や生命・生存を脅かす政治的・軍事的暴力に対して、そして占領支配と植民地主義に対して、抗議の声を挙げなければならない事態。そこから、新しいタイプの運動が出現するのが、この段階の特徴となる。

この「中立・穏健」の立場を鋭く問われる事態は、市民のなかにさまざまな連帯運動やアドボカシーグループを生じさせるのみならず、イスラエルに対する市民の直接的ボイコット「BDS運動」が展開する下地となった。「中立・穏健」の立場は、現在の日本政府による対パレスチナ・イスラエル外交にも認められるものだろう。しかしながら、イスラエルによるガザ地区での戦闘やヨルダン川西岸地区を含むパレスチナの占領が、国際法違反にほぼ該当するとの判断が、国際刑事裁判所（ICC）や国際司法裁判所（ICJ）から相次いで示されるなか、これまで三〇年続いてきたバランス外交が十分に機能する余地が残されているとは言い難い。

過去一〇年ほどで急速に深まったイスラエルとの経済関係を含めて、日本とパレスチナ、そしてイスラエルとの関係は重大な過渡期を迎えていると言えるだろう。

（二〇二四年七月三一日）

日本政府はパレスチナとイスラエルへの停戦を呼びかけよ！

——「パレスチナ」国家承認実現のために行動を——

木村三浩

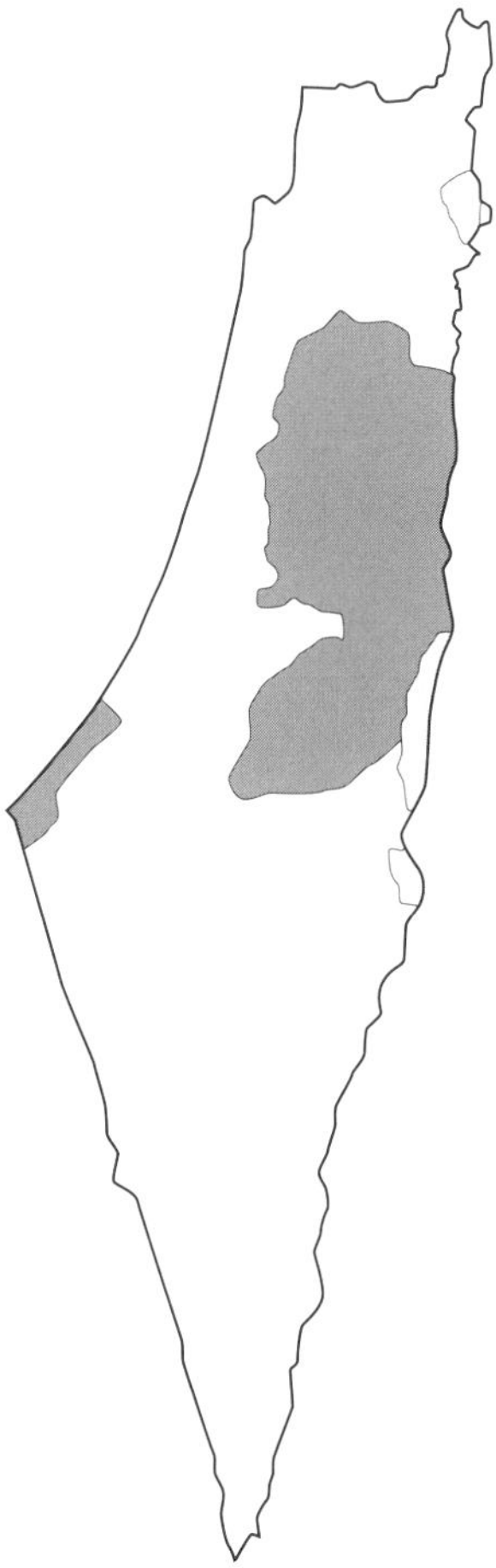

木村三浩（きむら・みつひろ）

一九五六年、東京生まれ。一水会代表。社会活動家。民族派活動をしつつ、三〇歳から慶応義塾大学法学部に通い卒業。その後、同大法学研究科（科目等履修）で学ぶ。一九八一年、「反米愛国・抗ソ救国」を掲げた急進的な行動組織の「統一戦線義勇軍」の結成に参画、議長に。一九九二年、一水会書記長。湾岸危機ではイラクの立場を支持し、湾岸戦争後の同国を視察訪問し、イラク・バース党との反帝国主義、国際連帯の議定書を締結。一九九八年、NASYO（非同盟主義学生青年会議）の常任理事に。国際的な視点から世界各国の民族主義政党、団体と交流。二〇〇〇年、一水会代表。二〇一〇年に世界愛国者東京大会を開催。フランス国民戦線のジャン＝マリー・ルペン党首（当時）など、欧州八カ国の愛国政党が参加、共に靖国神社を参拝。二〇一四年にはロシアに帰属したクリミアを鳩山由紀夫元総理らと視察。著書に『男気とは何か』（宝島社）、『憂国論・新パトリオティズムの展開』『お手軽愛国主義を斬る―新右翼の論理と行動』（共に彩流社）など。

パレスチナ国家承認への世界的な動き

二〇二四年五月二八日、スペイン、アイルランド、ノルウェーの欧州三カ国が、「パレスチナ」を国家として正式に承認した。現在、パレスチナ暫定自治区であるガザ地区へのイスラエルの侵略を巡って、同国の傍若無人ぶりを批判する動きが世界的に一層強まっている。スペインら三国による国家承認宣言は、イギリス、フランス、ドイツなどの欧州諸国に対して、パレスチナの立場を支持するよう強く求めたことになる。パレスチナの国家承認という認識と決断における欧州内部の良心を示す意味においても重要な前進と言える。

世界の多くの国では、パレスチナの国家承認に前向きであるわけだが、その流れで五月一〇日に開かれた国連総会において、パレスチナの正式加盟を求める決議案が一四三カ国の賛成を得て採択されたことは大きな意義を持つと言えよう。ここで反対した国は、アメリカやイスラエルなどわずか九カ国に留まり、イスラエルとそれを擁護するアメリカの孤立が顕著となったのである。損得の勘定から、国際政治の中でなんでもアメリカに追随してきた我が日本ではあるが、パレスチナの国連加盟については賛成している。このことは評価してよい。どの国であれ、国益の判断から損得を度外視することはできない。だが、その勘定だけで理義を正さなくなれば、悪であれなんであれ、力を持つ者が〝正義〟となり、公正・公平な基準が疎かになり、不幸が栄えるだけである。その現状がパレスチナを取り巻く事態として起きているのだ。

昨今のパレスチナ国家承認を巡る世界情勢の速やかな動きには、二〇二三年一〇月七日、イスラム組織ハマスの決起に対するイスラエルの猛烈な反撃に起因している。パレスチナ暫定自治区のガザ地区を実効支配するイスラム組織ハマスが、突如、ロケット弾や戦闘員の進入によってイスラエルへの大規模な攻撃を開始したことを契機に、イスラエル側も激しい空爆で応酬、報復を開始したのであった。今なお戦闘は継続し、悪化の道筋を辿っている報道が連日なされているが、パレスチナ地元保健当局によれば、二〇二四年六月の時点で死者数は三万七〇〇〇人を超える悲惨な状況だという（死者数は、二〇二四年八月一五日に四万人を超えた）。

この背景にはパレスチナとイスラエルとの二〇〇〇年以上もの間にわたる対立の歴史があり、その壮絶な対立関係は想像を絶する根深いものがある。さらに世界情勢が複雑に絡み合う中で、近年になってからはアメリカのアラブ地域への〝民主〟と称する権益拡大政策を強引に推し進めてきたことによって、ことの事態を悪化させているのである。このアメリカの独善的な態度への皮肉として、今、パレスチナ国家承認への動きの拡大に見られるように、世界からの冷静な反応が急速に広がっているのだ。

イスラエルの国連決議違反を見逃すな

パレスチナとイスラエルの断絶の歴史は、第一次世界大戦におけるイギリスの「三枚舌外交」に始まり、国連の「パレスチナ分割決議」とイスラエル建国宣言、ナクバの悲劇などを皮切りに、一九六七年の第三次中東戦争でイスラエルの軍事占領が始まった。イスラエルによる事実上の「パレスチナ」と呼ばれる地を占領したことが決定的であったのだ。イスラエルは国際法で認められていない土地、つまり「パレスチナ」を占領、統治下に置いたのである。これに耐えきれないパレスチナ住民らによって、インティファーダと呼ばれる民衆蜂起、抵抗運動が繰り返されることになる一方で、アラファト議長率いるPLO（パレスチナ解放機構）に加盟する各戦線が、イスラエルに対する武装闘争を展開したのだった。その後、一九九三年にアメリカとノルウェーの仲介の下、イスラエルとパレスチナの間でオスロ合意が交わされ、双方の共存を目指したパレスチナ暫定自治区が設置されたのである。

パレスチナ自治区のトップであったPLOのアラファト議長は、イスラエル側で和平を主導したイツハク・ラビン首相との間にオスロ合意を達成したものの、ラビン首相は過激なユダヤ教徒の和平反対派に暗殺され、この共存路線は壊され、イスラエルが大侵攻を繰り返していったのである。その後、自治区は封鎖され、隔離壁が作られる事態となった。まさしく監獄の中で暮らしているという風景だ。

この絶望の中、パレスチナ住民らによる選挙で選ばれた指導党がハマスである。ハマスはイスラエルの存在を認めない原則主義的な急進派だが、彼らの行動の前提には、打開の望めない前提がある。それが今回の決起であった。確かに無実のイスラエルの民間人が殺害され、人質に囚われるのは良くない。だが、パレスチナのこれまでの歴史、現状を我々がどこまで理解できるかが問われているのではないか。ハマスが実効支配するパレスチナ・ガザ地区は、九州の福岡市より少し広いぐらいの面積の地域で、ここに二三〇万人ものパレスチナ難民が押し込められている。これは世界で最も人口密度の高い地区と言えよう。

さて、イスラエルによるパレスチナ占領の歴史を見る時に忘れてならないのは、イスラエルの二度の国連決議違反である。ウクライナに対するロシアの軍事行動に対して「力による現状変更」と非難する国際社会は、このイスラエルによる悪行を見逃してきたのだ。それが、第三次中東戦争後の一九六七年、占領地からのイスラエル軍の撤退とアラブ各国の主権・領土保全・政治的独立などを謳う国連安保理決議二四二号と、第四次中東戦争の停戦を定め、一九七三年に採択された国連安保理決議三三八号である。

国連安保理決議二四二号の前文では、「戦争による領土の取得は受け入れられないこと並びに当該地域のいかなる国家も安全に住むことのできる公正で永続的な平和のために活動する必要性」が強調され、原則として「イスラエル軍の撤退」が掲げられている。さらに、一九七三年のイスラエルとエジプト、シリア間で起きた戦争後、安全保障理事会は国連安保理決議三三八号を採択し、決議二四二の原則を再確認し、「公正かつ恒久的平和」の実現を目指した交渉を呼びかけた。これらの決議は中東の包括的解決の基礎となり、一九七三年の停戦を監視するために、安全保障理事会は二つの平和維持軍を設立したのであった。

しかし、二〇二三年一〇月一八日には、国連安保理でハマスとイスラエル軍の「一時停戦」を求める決議案が採決され、日本など一二カ国が賛成するも、常任理事国のアメリカが拒否権を行使して否決された。アメリカは目下、大統領選の最中であり、人道よりも同選挙が大事なのか、さすが軍需産業のダブルスタンダード好戦国と言える。世界情勢を正しく把握した時、すでにアメリカ主導の独善的「国際秩序」がもたなくなっていることは明らかだ。今回のイスラエルに対するパレスチナ・ハマスの攻撃も、そこに起因しているのではないか。

パレスチナ駐日代表の主張

パレスチナ紛争が昨日今日に起こった問題ではないことは歴史が示すところであるが、二〇二一年のイスラエルによるガザ攻撃直後の七月、我々が主催する「一水会フォーラム」で、パレスチナのワリード・アリ・シアム駐日代表が問題の根源を語っているので、ここに一部を紹介する。ワリード駐日代表は、イスラエルがパレスチナ支配を根拠とする主張について、「古代イスラエル王国も、パレスチナの地を侵略した、血塗られた帝国のひとつであり、この土地をめぐる侵略と征服の歴史のひとコマであったに過ぎません」として、次のように指摘する。

モーゼがエジプトを出てユダヤ人を引き連れ、導いたのはパレスチナの地ではありません。地図を見れば一目瞭然です。モーゼはエジプトから紅海を渡っていったとされていますが、エジプトから紅海を渡れば着くのはヨルダンかサウジアラビアです。（中略）イスラエルの主張によれば、エルサレムには「古代イスラエル王国、ユダヤ教の神殿があった」とされています。「嘆きの壁」はその神殿の一部だというのですが、その神殿があったとされる場所には、「アル＝アクサ・モスク」（筆者注：ムハンマドが天使に伴われてここで昇天し、アッラーの御前に至ったとされる）があり、イスラム教の聖地とされる「ハラム・シャリーフ（聖域）」があるのです。イスラエル政府や熱烈な支持者は「神殿は確かに存在した」と主張し、岩のドームの真下を掘り進めてそこにあったはずの神殿の痕跡を発見しようと試みていますが、過去七〇年以上掘り続けて、考古学的な証拠は何ひとつ見つかっていません。

そして、イスラム教に基づく彼らの信念について、こう語る。

神が命じるのは「隣人を愛せよ」という共存共栄の教えです。それはどこの宗教も共通しているはずです。私たちはイスラエルの軍事占領には抵抗しますが、目指すべきはイスラエルとの「共存」です。

一九九三年、ノルウェーの仲介で両者の共存を目指したのがオスロ合意である。

パレスチナの土地の「七八%がイスラエル領」とされ、パレスチナの領土としては二二%しか残らない結果となりました。その二二%の土地の中で、パレスチナ国家が建設されることになりました。その他にも、多くの「妥協」をパレスチナはしてきました。国の指導者はイスラエルと共存する事を決定し、その上で国家の建設を行なっていました。

しかし、パレスチナ国の建国も、イスラエルの合意地域からの撤退も、いまだ実現していない。そして、両者の間には武力的な不均衡が横たわる。

イスラエルは世界第九位の軍事国家です。巨額の軍事費と最新鋭の兵器技術、国民皆兵の動員力で中東地域でも第一位の軍事力を持っています。（イスラエル側の言う）弱小国ではありません。そしてイスラエルは核保有国でもあります。八〇発から二〇〇発の核兵器を保有しているといわれ、北朝鮮やイランよりも多く保有しています。

さらに、「パレスチナの実態はイスラエルに管理された『強制収容所』でしかない」と、こう実態を語るのだ。

パレスチナ人の土地は、「テロ対策」という名目ですが、実際には入植地周辺やパレスチナ都市・農地等を分断する形で、「分離壁」と呼ばれる巨大な壁が建設されています。総距離は建設計画では七〇〇キロ以上という規模です。パレスチナ人の自由は制限されており、移動する際にもイスラエル軍の検問所を通過するしかありません。外国人も例外ではなく、長時間並んで、触れれば電流が走るゲートを潜らなくてはなりません。

全米で広がる反イスラエル抗議デモ

国際紛争の報道には、バイアスが常にかかっている。それは日本ではより顕著だが、我が国だけではない。二〇二三年一〇月一〇日、イスラエルのメディアが「ハマスが乳幼児を〝斬首〟した」と報じ、アメリカのCNNもそれを伝えた。翌日にはバイデン大統領が、「テロリストが子どもの首をはねる写真を確認するようになるとは思いもしなかった」と述べている。しかし、一〇月一二日にはCNNが、「イスラエル政府は確認ができないと発表した。もっと言葉に気をつける必要があった」と謝罪した。

この種の〝怪情報〟はアメリカの軍需産業が関与する紛争に付き物で、世界はその胡散臭さにいいかげん愛想を尽かしている。ハマスに襲撃されたイスラエル民間人の凄惨な動画がSNSに流れているが、パレスチナ人が過去数十年、アメリカの支援を受けたイスラエル軍からいかに残虐な弾圧を受けてきたかも同時に知る必要がある。

今年に入って、全米各地の大学で反イスラエル抗議デモが拡大している。ニューヨークのコロンビア大学では、四月三〇日に一〇〇人以上が逮捕されるなど、抗議参加者の逮捕はこれまでに一〇〇〇人を超えたという。カリフォルニア大学ロサンゼルス校では、同夜、抗議行動に反対する集団が棒やバットなどを手にバリケードを破ろうとし、抗議者らと衝突するなど緊張が高まった。四月一八日にはニューヨーク市警察が介入し、テントの排除や一〇〇人以上の学生を不法侵入の疑いで逮捕した。さらに四月三〇日には、警察が数百人体制で大学建物に突入し、抗議者を排除。一〇〇人あまりの学生が逮捕されるなど、抗議デモ騒ぎが過熱化している。コロンビア大学での抗議デモが拡大、飛び火する形で、国を超えてオーストラリア、カナダ、フランス、イタリア、イギリスの大学でも、親パレスチナの抗議者らが集会を開く事態に発展している。

これら一連の抗議デモの背景には、アメリカの大学の多額の資金がイスラエルへの投資に回されていることに対して、ガザへの戦争に加担しているという主張がある。だが、抗議デモの一部で反ユダヤ主義が見られるとして、全米の政治家らは大学側に対応を強化するよう求めている。そもそもアメリカにおいて、テロ組織として指定される「ハマス」への支持を集団で唱えるなどの行為が、反ユダヤ主義に当たるとの見方なのか。親パレスチナ派の学生らは、イスラエルへの対抗手段として「ボイコット、投資引き揚げ、制裁（BDS）」運動を支持するよう各大学に呼びかけ、大学側もそれに応じる形で、特定の財政関係を断ち切るなどの措置に出る例も出てきている。戦争から利益を得ているという、もうひとつの現実に目を向けるきっかけとして、若者たちの抗議活動が注目されている。

さらに面白いことに、中国の企業が運営する動画共有アプリＴｉｋＴｏｋを通じて世界情勢に触れているアメリカの若者の間に、パレスチナ支持の声が広がっている。アメリカ議会下院では、安全保障上の脅威だとして、対中防諜を名目にＴｉｋＴｏｋ利用を禁止する法案が可決された。この法案は表現の自由を制限するとして慎重な意見も多く、ＴｉｋＴｏｋを支持する若者たちによる抗議デモも起きていることもあり、上院での法案審議は不透明である。いずれにせよ、「東側」での情報統制を日頃から批判している「自由」な西側で、五十歩百歩の動きが起きているのは皮肉だ。

露呈する対米従属路線

二〇二四年五月八日の米上院公聴会において、米共和党のリンゼー・グラハム上院議員は、アメリカがイスラエルへの弾薬輸送を停止したことをめぐり、広島と長崎への原爆投下に繰り返し言及しながら、必要な武器を供与し続けるよう主張した。また、ハマスやイランからのイスラエルへの攻撃にも触れ、「敵の壊滅のために必要な兵器供与を止めれば、代償を払うことになる。これは究極の広島、長崎だ」などと述べた。

この発言に先立ち、グラハム氏が米軍の制服組トップのチャールズ・ブラウン統合参謀本部議長らに、日本への原爆投下に対する是非を問うた。すると、「世界大戦を終わらせたとは言える」とブラウン氏は答え、オースティン国防長官もブラウン氏に同意した。アメリカ共和党ではティム・ウォルバーグ下院議員が三月の集会で、広島、長崎への原爆投下に言及し、パレスチナ自治区ガザへの原爆投下をうながす発言をしたとして波紋が広がった。ウォルバーグ氏はその後の声明で、核使用は支持しないとした上で、「イスラエルが可能な限り早く戦争に勝つ必要性を伝えるために比喩を使った」と釈明した。

これらアメリカの議員による一連の発言に見られるように、かの大戦における広島、長崎の原爆投下は成功体験であり、ハマスを潰すための材料としても有効だという認識である。日本こそ、この原爆についての発言を野放しにすべきではない。にもかかわらず、これまでイラクやベトナムでやってきたアメリカの介入戦争、侵略戦争についても、見過ごすどころか、アメリカの後押しを率先してやり、敗戦国・日本は、戦後七九年もの間、アメリカへの従属路線を邁進してきたのだ。

この四月にアメリカのワシントンDCを公式訪問した岸田文雄内閣総理大臣は、アメリカ連邦議会上下両院合同会議において、「未来に向けて 我々のグローバル・パートナーシップ」と題する演説を行い、多くのアメリカ議員から拍手やスタンディングオーベーションを受けたとの報道があった。おそらく、日本の歴代首相の中では少しは堪能な英語で、七〇年代のアメリカで幼少期を過ごしたというプライベートな体験から物語る演説が面白がられたといった程度のものなのであろうが、そこには終始、岸田首相のアメリカに媚びる姿があった。

こうしている間にもパレスチナでは、特に子どもたちが殺害されているという痛ましい光景が日々増えている状況がある。それを受けて全米各地の大学で反イスラエル抗議デモが拡大しているという状況が目の前にある。さらにそれら抗議デモの重要なモチーフとなっているのが、七〇年代に起きたベトナム反戦デモであることを踏まえるならば、岸田首相が本来語るべきこととは、七〇年代のアメリカ体験を武器に、当時の状況はまさにベトナム戦争真っ只中であり、そこにはベトナム戦争で傷ついた兵士たちの姿があったということではないか。そこから現在のパレスチナ・イスラエルの戦争においても、アメリカはイスラエルに武器を送り続け、自国の利益だけのために振舞うことに対して批判的に語るべきであったのだ。ロナルド・レーガン元大統領のスピーチライターを担当していた人物が、今回の演説のシナリオを書いたという話であるが、岸田首相は一国を代表する者としてのプライドを見失うどころか、対米従属路線を堂々表明した出来事であった。

「パレスチナ」国家承認の実現に向けて

世界の警察を気取り、勝手に他国の土地に乗り込む振る舞いを続けるアメリカに、そろそろ翳りが見え始めているという事実を見過ごすべきではないだろう。自国の若者たちによる反イスラエルの抵抗運動によって、はからずもグローバルに拡大し、ひいては「反米」へと繋がる精神が拡散していっている。日本では、ごく一部の大学で反イスラエルの抵抗運動が起きているようではあるが、世界に比べて国際情勢を敏感に感じ取る若者が少ないのも、残念ながら事実なのである。今こそ、ベトナムやイラクをはじめ、アメリカがやってきた侵略戦争、介入戦争を徹底的に批判し、検証しつつ、裁く時ではないだろうか。パレスチナ・ハマスの決起とは、彼らが長い歴史の中で置かれた立場からの言い分だということを、我々は想像してみる必要があるのだ。

国連安保理決議二四二号と三三八号を堂々と無視し、国際秩序をバラバラにするアメリカこそが問題なのである。戦争に勝ちさえすれば、なんでも許されるというアメリカの論理は通じるわけがない。世界情勢を正しく判断する良識があれば、その欺瞞は必ず暴かれるはずだ。我が国をかえりみれば、安全保障において自立志向は抑え込まれ、アメリカ従属の集団安保体制が構築されてきた。しかし、世界が多極化する中、日本の主体性の確保、すなわち独立は、日本人自身のみならず、世界的要請ではないだろうか。後生大事に「敗戦国日本」というレッテルを自ら貼り、アメリカの顔色ばかりを見て我が道を彷徨い続けることから目を覚まし、自ら歩み出さなければならない。

岸田内閣の支持率は一六・四％（時事通信社による二〇二四年六月の世論調査）と、政権発足以降において最低の支持率を記録している。ワシントンDC訪問に見られるように、アメリカにいい顔をして、せいぜいアメリカに気に入られていることで満足し、政治資金問題や無意味な政策、大義のない岸田首相の姿に、国民も心底呆れかえっていることが、事実、支持率という数字で明らかである。支持率の回復が急ぎの課題であるはずの岸田首相は、今の世界の現実を真摯に受け止めるべきである。とりわけパレスチナ・イスラエル問題において、日本の立場を大いに発揮すべき時なのだ。

これまで日本はパレスチナに対して、外務省、国際協力機構（JICA）を通じて食糧・医療・教育などの難民支援をしてきた。また、財政・金融支援も手厚く、「平和と繁栄の回廊」構想に資する支援では現地の観光や産業振興にも力を入れてきている。一九九三年から二〇二三年までの時点で、我が国によるパレスチナへの支援は累計二三億ドルにも及ぶ。これらの実績を踏まえて、岸田首相自らパレスチナのガザ地区、さらにはイスラエルに出向き、停戦を提案してもらいたい。イスラエルによる二度の国連決議違反を見逃さず、そこに基づいたパレスチナの国家承認が喫緊の課題だ。

パレスチナは第三次中東戦争以前の土地を回復し、パレスチナ民衆の手によって自立した国家を歩むという、世界に数多あるごく自然の国家の形を獲得してもらいたい。そのためにも、イスラエルやアメリカなどの独善的な態度は断固、許すべきではないのだ。幸いにも、日本はイスラエル・パレスチナともに、決して悪くない関係を保ってきた。平和の構築のための行動とは、具体的に何を指すのか。今こそ国際的な正義、人道の立場に則り、「和を以って貴しと為す」という義侠心の精神を持つ日本は、「パレスチナ」の国家承認について、今すぐ行動すべきである。

我が国は損得感情が得意になりすぎ、ましてや名誉白人的な振る舞いになってしまった。巨大な不正義や理不尽な事柄に対しても、沈黙はカネなりと看過してきている。まさに私が尊敬してやまない三島由紀夫先生が「果たし得ていない約束」という評論で「このまま行ったら『日本』はなくなってしまうのではないかという感を日ましに深くする。日本はなくなって、その代わりに、無機的な、からつぽな、ニュートラルな、中間色の、富裕な、抜目ない、或る経済的大国が極東の一角に残るであろう」と喝破したような状態だ。しかし今、その経済大国といわれるものも怪しくなっている。我々の歴史には、欧米の真似をして近隣諸国と協調せず、徒に帝国主義に陥る負の側面も持っている。この点の検証も必要だが、堂々と不義に対抗してきた正義追求の側面も持っている。

これらを忘却して、不正義に沈黙していることは、人道に対する責務を果たさず、怯懦から罪を放置していることに過ぎない。今こそ、日本政府は国際違反のイスラエルに侵略を止めることを強く訴え、六七年以前の状態にパレスチナを回復させ、国家承認すべきである。このことを強く訴えたい。

(二〇二四年六月二七日)

II

ガザ報道

——メディアは誰のために報じるのか

ガザで鳥を撮る意味

―現地取材で聞こえた人々の息遣い―

須賀川拓

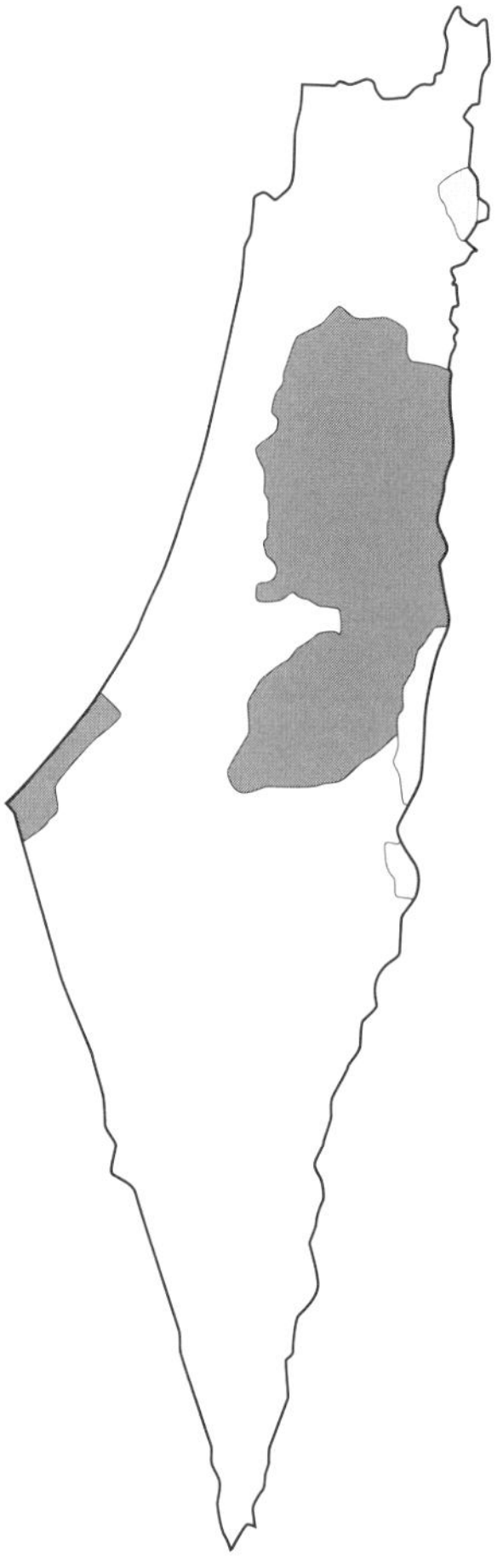

須賀川拓（すがかわ・ひろし）

一九八三年、東京生まれ。ＴＢＳ記者、ドキュメンタリー映画監督。二〇二二年、「ボーン・上田記念国際記者賞」を受賞。監督作品に『戦場記者』（ＫＡＤＯＫＡＷＡ）。主な番組に、「天井の無い監獄に灯りを」、「戦争の狂気〜中東特派員が見たガザ紛争の現実」、「アフガン・ドラッグトレイル」、「ＢＯＲＤＥＲ 戦場記者×イスラム国」など。その他にも、アフガニスタンのタリバン幹部直撃インタビューやカブール陥落直後のタリバンパトロール密着取材など。ロシアによるウクライナ侵攻後、日本メディアとして初めてウクライナ南部の前線近くを取材して配信。戦争で生活を破壊された一般市民の声をＹｏｕＴｕｂｅ等でも積極的に配信している。

入域

「見られている」

私は、同行しているカメラマンに言った。

「まじっすか、どこ?」

カメラマンは周囲を見渡すが、どこから見られているかは分からない。ここは撮影禁止だ。私は携帯のカメラを「録画」状態にしたうえで胸ポケットに入れ、二メートル以上の壁に挟まれた回廊をゆっくりと進んだ。大きなホールのような場所に出る。壁は相変わらず廊下の両側をふさいでいて、ホール全体の構造を知ることはできない。天井は、恐ろしく高い。そして、暑い。ふと上を見上げると、複数の防犯カメラがこちらに向いていた。十数メートル上には、監視用の窓が並んでいる。

ホールの入り口

「あそこですね」

カメラマンがつぶやいた。あの窓の向こうにいるのは、イスラエル兵だ。ここは「エレッツ検問所」。メディア関係者がガザで入ることができた唯一の場所だ。二〇二三年一〇月七日のハマスによる越境攻撃後、ここは戦場となった。検問所は激しく破壊された上、イスラエル軍の厳重な警備下にあるため、もう通ることはできない。二〇二四年七月現在、私たち海外メディア関係者がガザに入ることは、事実上ほぼ不可能なのだ。

窓の向こうにいるイスラエル兵の視線を感じながらホールを抜けると、外だ。いや、外ではあるけれど、まだ厳しい監視下にある緩衝地帯なので自由は一切ない。そして、幾重にも張り巡らされた鉄のゲートが現れる。このゲートが、私たち取材クルーを苦しませる。何しろ、とてつもなく狭い。悪態をつきながらなんとか撮影機材が詰まったスーツケースを通し、汗だくになりながら進んでいく。

鉄のゲート

私はただ、ガザに住む友人の元に行きたいだけ。ただ、ガザに住む人たちの声を聴きたいだけ。それだけのことが、いかに大変か。この場所に来るたびに思い知らされる。

ようやく鉄の柵がなくなり検問を越えると、これまで気が付かなった人の営みが見えてくる。ガザとイスラエルを隔てる壁際で、農作物を育てる農家の姿。ロバを引く男性や、子どもの手を引いて歩く女性の姿。すこしホッとしていると、デカい声が聞こえてハッとする。

「ヒロ!!　お前、時間かかり過ぎだぞ!」

私の友人であり、頼りがいのある通訳でもあるガザのフリーランスジャーナリスト、イマドだ。検問所を通るのに時間がかかるのを知っているはずなのに、いつも冗談のように待ちくたびれたような顔をして迎えてくれる。私のガザの相棒だ。私の名前は「ひろし」なので、短縮して「ヒロ」

と呼ばれている。

イマドと必ず一緒に来るのが、運転手のイスマイール。つぶらな瞳で、とにかくいたずらが大好きな男だ。絶えず誰かにちょっかいをだしては爆笑している。そして、ボディガードのアブドラ。大きな体に見合わず、寡黙でシャイな男だ。イスマイールによれば、彼女募集中らしい。いずれも私の大切なガザの友人であり、同僚だ。

ガザでの現地取材クルー。左から、イマド、イスマイール、筆者、寺島カメラマン、アブドラ

ガザ、と聞くと多くの人は空爆で瓦礫と化した町や、そこで暮らす住民の姿を思い起こすかもしれない。そういった側面は間違いなくある。むしろ、現時点（二〇二四年七月）では町の大部分が破壊され、ガザのこれまでの日常は失われているかもしれない。でも、そこには確かに二〇〇万人以上の人たちが住んでいて、夜ご飯の献立を考える親の姿や、ファストフード店でたむろする若者、ビーチ沿いのカフェでミントジュースを飲みながら恋バナに花を咲かせる女の子たちがいた。

ミントジュースと「死の音」

ケバブ店にて

ガザのミントジュースは、私の大好物の一つだ。ガザは暑い。特に夏は地中海の風が運ぶ湿気と砂漠側の熱気が混ざり合い、逃げ場はほとんどない。だからイマドと合流して、イスマイールの運転する車に乗り込んだら、最初に行く場所はおのずとホテルのカフェになる。

ガザにあるホテルのほとんどは、海岸沿いに建てられている。というよりも、ガザという場所自体が地中海側にある細長いエリアなので、ホテルを建設する立地の選択肢としては、海岸線以外はないと思われる。ちなみにガザの人たちは、ガザのことを「Gaza Strip」という。Stripは、直訳すると「細長いひと切れ」や「一片」となる。地図で見ると、たしかにガザは言葉の通り細長い土地のひと切れのようだ。

イスマイールの運転は、アラブの国では一般的な乱暴なものとは違う。道を渡ろうとしている人がいると、間違いなく一時停止する。無理な割り込みなどしない。ガザは狭い地域なので、運転しているとすぐに知りあいのドライバーを目撃する。すると窓を下ろし、ちょこっと挨拶する。他愛のないやり取りや車窓を流れる風景を見ていると、ここがあの厳重に警備された〝天井のない監獄〟の内側であることを忘れてしまいそうになる。

そうこうするうち、ホテルに到着する。私たちが泊まるホテルはいくつかあるが、いずれも海外要人や政治家、ビジネスマンなどが使う高級ホテルだ。宿泊料は、一泊一〇〇ドルほど。こうしたホテルは、イスラエル軍による空爆リスクが極めて低い。そして、海にせり出す形のカフェを併設していることが多い。

「おまちどうさま」

ウェイターが、お目当てのジュースを持ってきた。ミントを潰し、レモンシロップと水を混ぜ合わせ、そこにクラッシュアイスに注ぎ込んだミントジュース。激甘シロップがグラスの底に沈んでいるため、ストローで氷ごとガシャガシャと混ぜてから飲む。

ミントジュース

細かく刻まれたフレッシュなミントの葉が、グラスの中に均一に混ざれば飲み頃だ。涼やかな香りが鼻を抜けると同時に、甘酸っぱいレモン、恐ろしく甘いシロップが混然一体となり、喉をすーっと抜けていく。うまく混ぜないと、激甘シロップが喉を直撃してせき込むことに。隣で、初めてガザに来たカメラマンがまさにそのトラップにはまっていた。イマドが爆笑する。

「ダメだよ、最初に混ぜないと」

おせっかいなイマドが、カメラマンのグラスを混ぜ始める。どうだ、俺の混ぜたジュースは最高にうまいぜ、とでも言いたそうな顔をしている。混ぜるだけなら誰でもできるのだが。隣のテーブルでは、パレスチナ人の家族がこちらをチラチラ見ながら、ときおり口を覆ってクスクス笑っている。とにかく外国人が珍しいのである。しばらくすると、その家族の中にいた一人の女性が立ち上がり、こちらのテーブルに近寄ってきた。

「一緒に写真撮ってもらえませんか?」

恥ずかしそうに言ってくる。

「もちろんいいですよ」

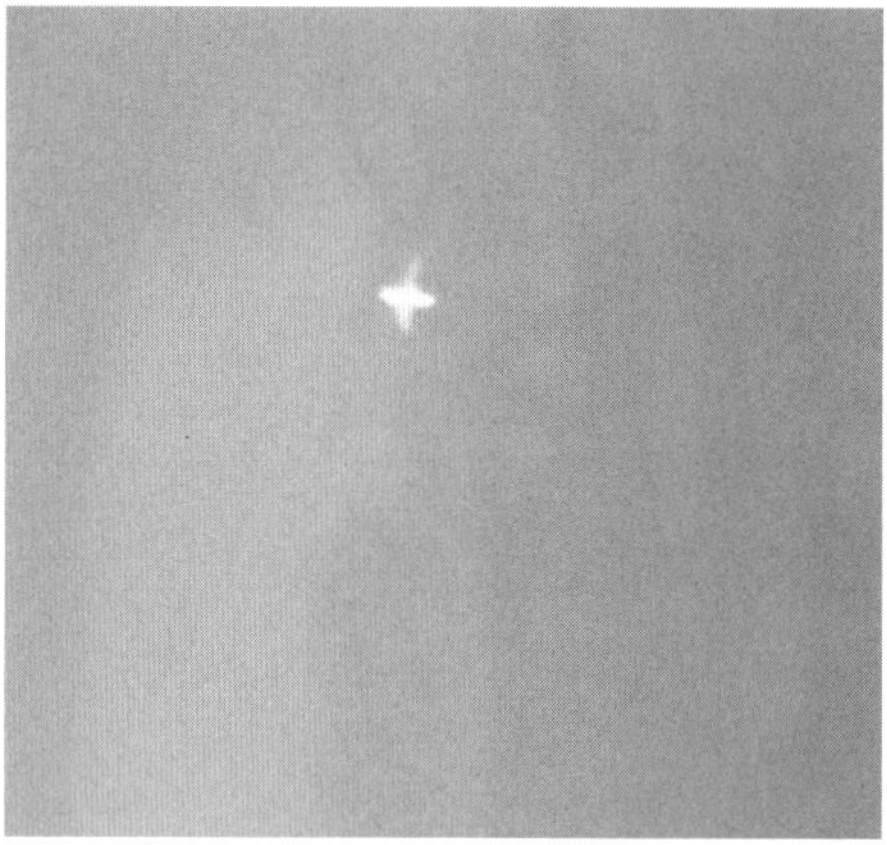

上空を旋回するドローン

子どもたちも呼び寄せ、みんなで集合写真。気が付いたら、小さな女の子が私の手を握っていた。彼女に「サンキュー」と言われたので、「アフワン」と私は返す。「どういたしまして」を意味する、私が知っている数少ないアラビア語の一つだ。彼女は少し驚いた顔をしたあと、ニコっとはにかんで自分たちのテーブルへと戻っていく。

楽しそうな会話。遠くで打ち寄せる波。ミントジュースの氷がガシャガシャと立てる涼やかな音。ささやかな幸せのひとときに、雑音が混じり始める。

「ブウゥーーーン……」

電化製品が壊れた時に出るような、低い周波数の不快な音が聞こえてくる。イスラエル軍の無人偵察機だ。「偵察機」とされているが、ヘルファイアというアメリカ製の空対地ミサイルを搭載可能だと言われている。人権NPO「ヒューマン・ライツ・ウォッチ」の弁護士は以前、ガザで聞こえるドローンの音をこう表現した。

「ドローンの音は、ガザ市民にとって死を連想させる」

ケバブとパンと空爆と

二〇二一年に起きた一一日間の戦争。この時も私はイスラエルにいた。ハマスによるロケット弾の被害や逃げ惑うイスラエル側の人々の様子を伝えた。だが、壁の向こう、わずか数キロ先のガザで起きていることは、伝聞でしか伝えられなかった。そのもどかしさは、得も言えぬ不快感となって、じっとりと脳にこびりつく。夜寝ていると、ガザで暮らすイマドからメッセージが入る。

「ここは地獄だ。ヒロはいまどこにいる？　早くこっちに来てくれ」

パレスチナのメディアは、血まみれの遺体や子どもたちの泣き叫ぶ表情を伝える。取材したい。しかし、イスラエル側の許可が下りて、エレツ検問所を通過しない限り、私はガザに入ることができない。停戦を待つしかないのだ。

イスラエルに来てから何日が経っただろう。ハマスによるロケット弾の飛来と空襲警報に慣れた

通りの真ん中には、空爆によるクレーターが

ころ、エジプトの仲介による両者の停戦が成立した。その日は、私たちのような海外メディアがエレツ検問所の前に殺到していた。冒頭で紹介した廊下を歩き、鉄のゲートを越えて、イマドとようやく合流する。

会う時まで、私は彼にどんな声をかけたらいいのか、ずっと考えていた。親しい人が亡くなっているかもしれない。家が被害を受けたかもしれない。もう通訳はできない、と言われるかもしれない。

ところが、検問所を通過してみると、そんな不安を吹き飛ばすかのように、イマドがデカい声で「ヒロ！ 遅いよ！」と満面の笑顔で迎えてくれた。「停戦しないと入れない。遅くなってゴメンね」と伝えると、「来てくれただけで最高だよ、ハビビ!!」と笑う。ハビビとは「大切な人」を意味する。

ガザでは、破壊と人の死が日常になってしまっている。私は、イマドの笑顔に救われた半面、心をえぐられた。せめて彼と彼の家族だけでも、戦争が日常でない場所に連れていってあげたい。でも、一介の記者の私にそんな力などあるわけもない。

イマドとイスマイールと、アブドラ。いつもの三人と合流して、空爆の被害現場に向かった。ミントジュースどころではない。だが、その現場でも、ガザの人たちのたくましさと底抜けの明るさに私は圧倒されることになる。

向かった場所の一つが、ガザ地区の北部にある街のアル・ワハダ通り。ここにハマスのトンネルがあると主張するイスラエルが、道路一帯と周辺のアパート四棟を徹底的に空爆した。死者四八人。そのほとんどが、女性と子どもだった。実際にトンネルはあったのか。私は空爆された通りの中心部を目指した。

ケバブ店で肉を削る筆者

交差点のど真ん中にできた巨大なクレーター。その直径は一〇メートルほど。水道管が破裂し、水が吹き出していた。土砂が崩れているので、仮に人が一人通れるくらいのトンネルがあったとしても、確認することはできない。

被害をつぶさに撮影していたら、現場のすぐ近くでパン店が営業していることに気付いた。次々に焼きあがるパン。大人や子どもが瓦礫を乗り越えながら歩いてきて、パンを買っては去っていく。カメラを向けたら、職人に腕で「×」マークを出された。取材に対応しているどころではないのだろう。私は「ゴメンね」という仕草をして、改めてクレーターにカメラを向ける。すると別の方角から香ばしい匂いがしてきた。見回してみると、クレーターのすぐ近くでケバブ店が営業しているではないか。シェフたちが、電動の「ケバブカッター」で豪快に回る肉をそぎ落としていく。四八人が死亡した空爆現場はすぐ隣だ。店に近づいていくと、私は店主と目が合った。

「俺たちは生きていかなきゃならないからな。いずれにしても、うちのケバブはめっちゃ旨いんだ。食ってくか？」

店主は、そういいながら店の中にまねき入れた私にケバブカッターを渡した。肉を削れというのだ。やってみると、思いのほかむずかしい。力を入れすぎると肉が深くえぐれてしまい、生焼けの部分が切れてしまう。かといって、ある程度力を入れないと、香ばしい表面を削ることができない。汗だくになりながらなんとか削り終えたものを、店員が手際よくケバブラップにしてくれた。ケバブラップとは、円形に延ばされた薄いパンの上に肉と野菜をのせ、ソースをかけて包み込んだもの。

このケバブ、確かにこれまで食べたものと比べて、相当旨かった。焼きたての肉は、チキンとビーフのミックス。この肉をトマトやオリーブなどのみじん切りと一緒にパンで挟む。かぶりつくと、濃い肉の味と、地中海産のこれまた濃い味のトマトとオリーブが口の中でぶつかる。と思ったら、ゴマをベースにしたソースがそれらを中和して包み込む。舌の上で、肉の油がサラリと溶ける。

「うまい！」と私が親指を立てると、店主は待ってましたとばかりに、ほかの店員に聞こえるよう「イェーイ！」と叫び、満面の笑顔で金は要らないという。さすがにそれはダメだと説得して、代金を支払って外に出てきた。

そして、再び目の前に飛び込んでくるのが空爆の跡。通りの名物だったというこのケバブ。亡くなった四八人も一度は食べたことのある味だったに違いない。ケバブとパンと空爆と。極限の暴力と隣り合わせに、たくましく生きる人々の姿がそこにはあった。

イマドがキレた！

ある夜、ホテルに到着すると、ボディガードのアブドラが険しい顔で「少し待て」というジェスチャーをした。彼は、ホテルの部屋の前にある廊下を見つめている。どうしたのだろう。そしてアブドラは、おもむろに廊下の反対側の窓にかかっていたカーテンをめくった。カーテンの裏に強盗が隠れていないのか確認したのだ。用心深さに驚くとともに、やはりこの人は信頼のおける人だと改めて思った。

私たちは外国人なので、あらゆる意味で用心するにこしたことはない。ただし、ガザの人口が二〇〇万人以上であることを考えると、犯罪件数は極めて少ない。なぜなら住民は、みな等しく〝天井のない監獄〟の中に押し込まれ、イスラエル軍による空爆にさらされているからだ。ガザの一般市民は、平等に抑圧されつつ、ここで生きているのだ。だからこそ、他人の富を奪おうと思ったり、罪を犯そうと思ったりする人が少ない。もちろん、すべてのガザ住民が善良な市民ではないから、ひったくりやスリなどもごく稀にある。

私たちが撮影中のことだった。待機していたイマドのポケットから、金を盗もうとした子どもがいた。ぼろぼろの靴で穴だらけのTシャツを着た、おそらく八歳くらいの少年だった。その子どもに対し、イマドが烈火のごとくキレた。あまりの剣幕に、隣にいたドライバーのイスマイールが諌めるほどだった。その後、なんであれほど怒る必要があったのか聞いてみた。

「外国人の君たちがいる前で、人のモノを盗むなんて恥ずかしいことは許されない。そもそもアッラー（神）は、すべてを見ている。あんなに小さな年齢で、盗むことが当たり前になっていることが悲しい。だから、それがいかに悪いことか教えたんだ」

イマドなりの子どもに対する教育だったのだ。今の日本で、赤の他人に「悪いことは悪い」としっかり教えることのできる人や、それを教え諭そうと思う人がどれほどいるだろうか。

ガザでは、どんなところに行っても、人々の礼儀正しさとホスピタリティの高さには驚かされる。スーパーで買い物していたら、どこからともなくオーナーが出てきて、「カネは要らないよ」と言われたことか何度もあった。道を歩いていて、旨そうなファラフェル（野菜とスパイスを混ぜたコロッケ）の屋台があると、「どうだ、味見していくか？」とすすめられる。味見をしたあと、金を払おうとしても受け取らない。

二度と会うことはないであろう外国人の私たちに、少しでも良い思いをしてもらおうと、皆が必死なのだ。彼らは、自分が他国に行くことなど、ほぼ一生かなわない。それでも精一杯もてなそうとする。それがガザの日常だ。

秒速三〇〇〇メートル

この町で出会った、あるアーティストがいる。アル・シャティ難民キャンプに住んでいる彼の名前は、ワリド。才能を認められて海外の奨学金を得たことで、数年前ドイツの大学に渡航できた。海外の空気を吸ったことがある、極めて稀な若者だ。そんな彼の家の隣にあるアパートが、二〇二一年にイスラエルによって空爆された。

アパートの住人アルハディディの妻と子ども四人。そして別の家族の妻と子ども四人。子ども八人と女性二人の計一〇人は、ほぼ即死。ワリドもよく知る家族だった。死亡した子どもたちが搬送された病院が、アル・ワハッド通りにあったクレーターの現場からわずか一キロの場所にあるアルシファ病院だ。アルハディディの子どもたちを最初に見たハイサム医師は、私たちの取材にこう答えている。

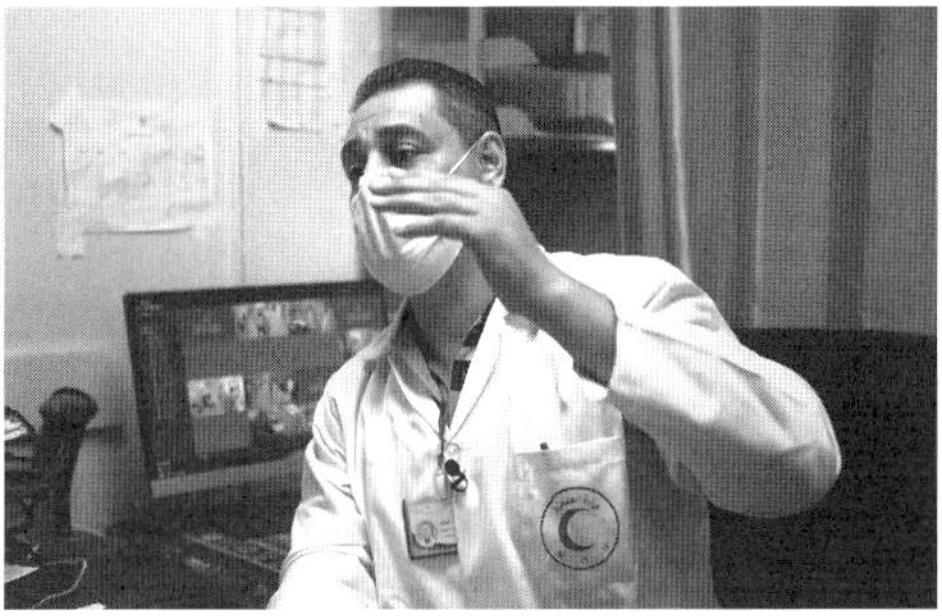

ハイサム医師

「手足は切断され、内臓が飛び出していた。一人は頭蓋骨が割れ、脳みそが出ていた」

二〇二一年のあの日、アルハディディは親戚の家にいて、死を免れた。夜中に家が空爆されたという一報をうけ、暗い夜道を走って帰宅した。スハイブ、ヤヒヤ、アブデルラフマン、オサマ……。子どもたちの名前を叫びながら、現場についたアルハディディは近所の仲間たちと自宅のあった場所の地面を掘った。この世の地獄だった。住人が撮影した動画には、懐中電灯で照らされる中、言葉にならない叫びをあげながら、瓦礫の上に崩れ落ちるアルハディディの姿があった。

子どもたちが運ばれたアルシファ病院は、ハマスの地下司令部があると豪語するイスラエル軍により、二〇二三年一〇月以降、徹底的に攻撃されたあの病院だ。いまは破壊によって、患者の受け入れ能力がなくなっている。アルハディディの子どもたちを診たハイサム医師の安否も不明だ。病院の地下にある巨大な司令部は、イスラエル軍が世界中にばらまいたCGの中の空想に終わった。が、戦争犯罪にあたる医療施設への攻撃について、イスラエルはいまだに正当性を主張している。

「イスラエル軍は、空爆の際に住民被害をできるだけ少なくするため、必ず事前に、周囲の民間人に告知を出す。イスラエル軍は攻撃を予告する、世界で最も倫理的な軍隊だ」

こんな言葉をよく聞く。しかし、どんな軍事行動にも当てはまることだが、すべての攻撃が事前に告知されるわけではない。こうした当たり前のことですら、理解できないイスラエル擁護派の人々がいることに、驚きを隠せないのが正直なところだ。予告後の攻撃が許容されるのならば、プーチン氏も予告さえすれば、ウクライナへの空爆を正当化できるのだろうか。

イスラエル軍は、重要なターゲットと見なした人物を殺害するためには、多少の巻き添え被害は容認せざるを得ないことを認めている。こうした標的は、正式には「Time Critical Target」と名付けられている。これを日本語に訳すと、「攻撃可能な時間が短いことなどから、速やかな対応が必要と分類される攻撃目標」となる。そういったターゲットを撃破するためには、アルハディディの家族ら子ども八人を含む、民間人一〇人の死は仕方なかったのか。

イスラエル軍広報官に直接聞いてみた。

「そうしたことがあったとしたら、それはとても残念なことだ。でも卑劣なのはハマス。ハマス

空爆された自宅で崩れ落ちるアルハディディ（写真の中心にいる人物）

亡くなったアルハディディの子どもたち（左からヤヒヤ、オサマ、スハイブ、アブデルラフマン）

が民間人を盾にしているからこそ、こうした被害が起きるのだ」

その広報官は、何の根拠もなく、アルハディディの家族がハマスによって強制的にそこに住まわされ、盾として使われたと表現した。はたしてそんな事実はあったのか。取材を進めると、アルハディディがハマスに否定的な人物だったことがわかった。

空爆後にアルハディディが暮らす家には、四人の子どもと妻の写真があった。彼が提供した写真を、ハマスがパネルに印刷したものだ。居間に飾られたその写真を私が撮影しようとしたところ、アルハディディはそれを拒否した。民間人、特に子どもの殉教者（ハマスはこう表現する）たちは、ハマスにとっては格好の宣伝道具になる。だから、亡くなった子どもらの写真はパネルにして、様々な場所に配る。グロテスクな現実だ。しかしアルハディディは、ハマスのプロパガンダに家族の死を使われたくない。だからこそ、海外メディアである私たちによる、家族らが写った写真の撮影を拒否したのだ。

ところで、民間人一〇人の命を奪った爆弾は、どこで作られたものなのだろうか。私は、回収された破片を探そうと、地元の警察署に向かった。機密扱いのため、限られた時間しか取材は許可されなかった。だが、ほどなくしてその破片は見つかった。そこには、番号が記されていた。

「76301－70P8621OO－1OO5」

冒頭の「76301」という数字は政府取引機関コードと呼ばれ、アメリカのボーイング社が作ったことを示す。そして、爆弾はGBU－39という精密誘導弾であることがわかった。この誘導弾は、数メートル単位のズレしか許容しない。よって、かなり正確に目標を貫く。あのアパート

シリアル番号が刻印された爆弾の破片

は、ピンポイントで狙われた可能性が極めて高い。そして、少なくともその目標の先にいたのは、子ども八人と女性二人、計一〇人の民間人だったことも事実だ。

くわえて、あのアパートが爆撃されたとき、イスラエル軍による周囲の民間人への警告はあったのか。アーティストのワリドは「そんなものは一切なかった」と証言した。

爆弾の破片は、ワリドのアトリエにも飛び込んできていた。炸裂した金属片は、強烈な衝撃とねじれによって約四五度の角度で、文字通り千切(ちぎ)れる。千切れた部分は、鋭利な刃物のごとく尖り、それらが秒速三〇〇〇メートルの速さで飛散する。当たれば即死だ。爆弾による犠牲者の多くは、爆発そのものではなく、このように飛散した鉄片や瓦礫によって、人体に損傷を加えられる。

「あの夜は悪夢のようだった。生きているのが不思議だ」

ワリドはそう語りながら、仕方なさそうに笑った。強大な暴力の前になす術もなく、笑うしかないのかもしれない。そして別れ際に、自分が描いたお気に入りの絵にサインをして、私にプレゼントしてくれた。この絵は今、

ワリドから絵をもらう筆者

東京にある私の自宅の書斎に飾られている。

この絵を見るたびに、私は秒速三〇〇〇メートルで飛び散る破片のヒヤリとした冷たさと、彼のアトリエに差し込む柔らかな光の温かさを同時に思い出す。

太陽、寿司、そして破壊

ある取材先への移動中、イマドが唐突に話しかけてきた。

「ヒロ、俺は何としても寿司を食いたいんだ！　寿司、寿司、寿司、寿司！」

ガザの人たちのほとんどは、〝天井のない監獄〟の向こうの世界を体感したことがない。でも、インターネットで「知る」ことはできる。遠いアジアの島国の郷土料理であり、いまや海外でも多くのレストランでふるまわれる寿司を、イマドが知らないはずはない。しかし、彼は食べたことがなかった。日本人である私に、まさかと思いながらも寿司が作れないかと、突然聞いてきたのだ。そして、これは偶然なのだが、私は釣りと料理が趣味なので寿司を握ることができた。そこで、次回ガザを訪れた時には、酢や砂糖、米など寿司を作るための材料を持ってくると約束していた。

事前に魚を生で食べることは伝えてあった。よって、新鮮な魚を入手できる場所はイマドがリサーチ済みだった。向かった先は、地中海沿岸にある魚介系レストラン。しかし、ただのレストランではない。驚くべきことに、魚の養殖場を備えたレストランだったのだ。大きな生け簀(いけす)をいくつも持っていて、海から引き込んだ海水をろ過・循環させるポンプが、ゴーゴーと大きな音を立てていた。

ガザは、電力事情が極めて不安定だ。そのためこの養殖場で使用するエネルギーの多くは、太陽光で賄われていた。ガザは年間を通して、九割近くが晴れの日だとされている。太陽光こそが、周囲を囲む壁に左右されない「最も自由なエネルギー源」なのだ。

いずれにせよ、海が隣にあるのになぜ養殖なのか。じつは、ガザは生活排水を処理する能力が著しく低いため、沿岸の水が汚染されてしまっているのだ。そのため、新鮮な魚介を食べるためには、沿岸から離れた沖へ漁に出るか、養殖するしかない。どれだけ沖に出られるかは、イスラエル軍が一方的に決めた境界によって制限されるため、魚を求めてさらなる沖に出ようとした漁師が、同軍に撃たれて死亡する事例があとを絶たない。

陸は壁で封鎖され、空はドローンで監視され、海も自由に航行できない。それがガザだ。

さて、養殖場から網ですくいあげられた魚は、クロダイに近いものだった。ろ過されたきれいな水と良質な餌によって、大きく成長している。その場で血抜きをして、調理場へと運ぶ。ガザの魚料理はフライかグリルが一般的なので、生で食べたことがある人はほとんどいないのだろう。シェフたちが物珍しげに集まってきた。

寿司をはじめ、料理がならぶテーブル

内臓を取り出す。脂がのっていて旨そうだ。鱗をとり、三枚におろしていく。その間、持ってきた米を大きな鍋で炊く。時間を計るのは寺島カメラマンの仕事だ。炊いている間に、三枚におろした身を、薄く切り付けていく。調理場は冷房がないので、鮮度が落ちる前に握る必要がある。万が一、誰かが食中毒になったらたいへんだ。

白米が炊けた。持ってきたすし酢をまぜて、シャリを作る。酢の良いにおいが周囲に立ち込め、シェフの一人が味見をしたいと言ってきた。

「うん！　これは旨いね」

第一関門は突破だ。隣では、別のシェフが負けじとほかの料理にとりかかっている。こちらもまた旨そうな匂いだ。ガザでは、どんな料理であっても先付けが大量に出てくる。様々な香辛料を混ぜたサラダやコールスロー、ピクルス、ファラフェル（野菜コロッケ）、そしてパンが一般的だ。今回は、それらのほかにメインディッシュとなるエビのから揚げとクロダイのグリルが加わる予定だという。この日は一日取材をしていて、朝から何も食べていなかった。握りながらつまみたくなってしまったが、がまんした。

そして、ついに寿司数十カンが完成した。この場を「鮨処ガザ」と命名したいくらいの力作だ。周囲を見渡す。なぜか、シャリを食べて満足そうだったパレスチナ人シェフたちが、いつの間にか遠巻きに眺めている。あの旨い酢飯の上に、生の魚が乗るとは思っていなかったのだろう。シェフたちが恐る恐る近づいてきたところで、イマドとイスマイールが騒ぎ始めた。

シェフたちをけしかける。あれっ、君たちが先に食べるんじゃないのか？　そこに勇敢なマスターシェフが登場。食べ方が分からないというので、寿司をつまんで醤油（もちろんハラールのもの）をつけ、私が彼の口に入れて（押し込んで）あげた。シェフの目が笑っていない。親指を立ててグッドサインをしているが、明らかに飲み込むのに苦労している。味はともかく、生の魚の食感を受け入れるのがむずかしいのだろう。なんとか飲み込んだあと、「イエース！　グレイト！」と言いながらそそくさと逃げだした。

つづいて、勇気ある見習いシェフが登場。同じように口に優しく入れて（押し込んで）あげたとたん、目がシロクロし始め……、トイレに向かって猛ダッシュ。カメラも追いかけたが、その先で何が起きたのかは読者の想像にお任せする。とにかく、初めての寿司を目にして、皆は大騒ぎなのだ。

そんな中、イマドと、彼の長女ラファットちゃんは、私が握った寿司は本当においしいと言ってくれた。実際、養殖場の魚はとても新鮮な上、良い餌を食べて育っていたので臭みもなく、脂が乗った美味しいものだった。

ガザの夜は、始まりが遅い。昼間が暑いので、夕方以降に活発になり始めるのだろう。午前〇時ちと夕食を楽しむラファットちゃん（当時八歳）の姿があった。この日も、深夜前まで大騒ぎをしている大人たちを回ったあとも、大騒ぎをしているところがある。

　ガザというと、テントや瓦礫の上で暮らし、日々の食料に困っていると思われがちだ。しかし、現地で暮らすパレスチナの人々は、限られた資源の中、精一杯の幸せを見つけて生きているのだ。

　以降、私はガザに行くたび、必ず寿司を握ることにした。あのレストランで、同じメンバーに。何度目かに行ったときはバーナーを持参し、沖で取れた大きな魚（ニベ）を炙りにしてごちそうした。この時も大うけだった。二〇二三年七月のことだった。

　そして、戦争が始まった。最後にガザを訪ね、魚の炙りを作った三カ月後のことだ。レストランは空爆された。私が知る支援団体職員の日本人が、退避する際にこのレストランの横を通り、瓦礫と化していたことを証言している。ソーラー発電機を使い、限られた資源の中、なんとかビジネスを軌道に乗せ、地元の人たちの憩いの場だったレストラン。断じて軍事施設ではない。断じてハマスの施設でもない。あのシェフたちが無事なのかどうか、私に知る術もない。

　幸い、二〇二三年一〇月以降も通訳のイマド、ドライバーのイスマイール、ボディガードのアブドラは生きている。ただ、アブドラの両親と姉家族一〇人は自宅を空爆され、幼い子ども二人を含めて全員が殺害された。アル・ワハダ通りも徹底的に空爆され、跡形もなくなっている。通りの近くにあった取材拒否のパン店も、私が肉を削らされたケバブ店も、いまどうなっているのかは分からない。

　これを読んでいる日本の読者は、今日の朝、何を食べたのだろう。家族がいる人は、子どもとどんな言葉を交わしたのだろう。習い事の宿題が終らない子どもを、しかっている人がいるかもしれない。次の連休にどこへ行こうかと、思いを巡らせている人もいるだろう。

ガザの人たちにも、私たちと同じような日常があった。ハマスに対して否定的な考えを持っていた人もいるし、そうでない人もいる。でも、そんなことはおかまいなしで、イスラエルは民間施設に対して無差別攻撃を実施し、ガザで暮らす人々の日常を徹底的に破壊した。

二〇二四年六月の時点で分かっている死者数は三万五〇〇〇人を超えた（編集部注：ガザ地区の保健省によると、二〇二四年八月一五日に死者数は四万人を超えた）。さらに、瓦礫の下に埋もれているであろう人の数は一万人。埋もれている人の一人ひとりに名前があり、人生があり、日常があった。たとえ、外部との扉となるエレツ検問所を越えることができず、制限された自由の中であっても。

出域

ガザを出るときに、どうしても私は感傷的になってしまう。私たちを送り届けてくれるイマドとイスマイール、そしてアブドラ。次に戦争が激化すれば、二度と会えなくなってしまうかもしれない。最悪の事態が頭をよぎる。でも、イマドは相変わらずニコニコしていて、イスマイールはいたずらの機会を狙ってウロウロし、アブドラは静かに後部座席に座っている。

私とカメラマンは、イスラエルが管轄するエリアに入る前に車から降ろされる。荷物をまとめていると、隣を歩くカメラマンが空を撮っていることに気が付いた。ドローンの音など、聞こえないのに。彼は私にこう言った。

「鳥を撮ってるんです。鳥は壁なんて関係なく、自由に飛んでいけるじゃないですか。でもこの人たちは違う。そのことをどうしても表現したくて」

いま、私がこの原稿を書きながら東京で見上げている空。ここも、ガザと繋がっている。

（二〇二四年七月五日）

西洋メディアの偏向報道が助長したガザ虐殺

重信メイ

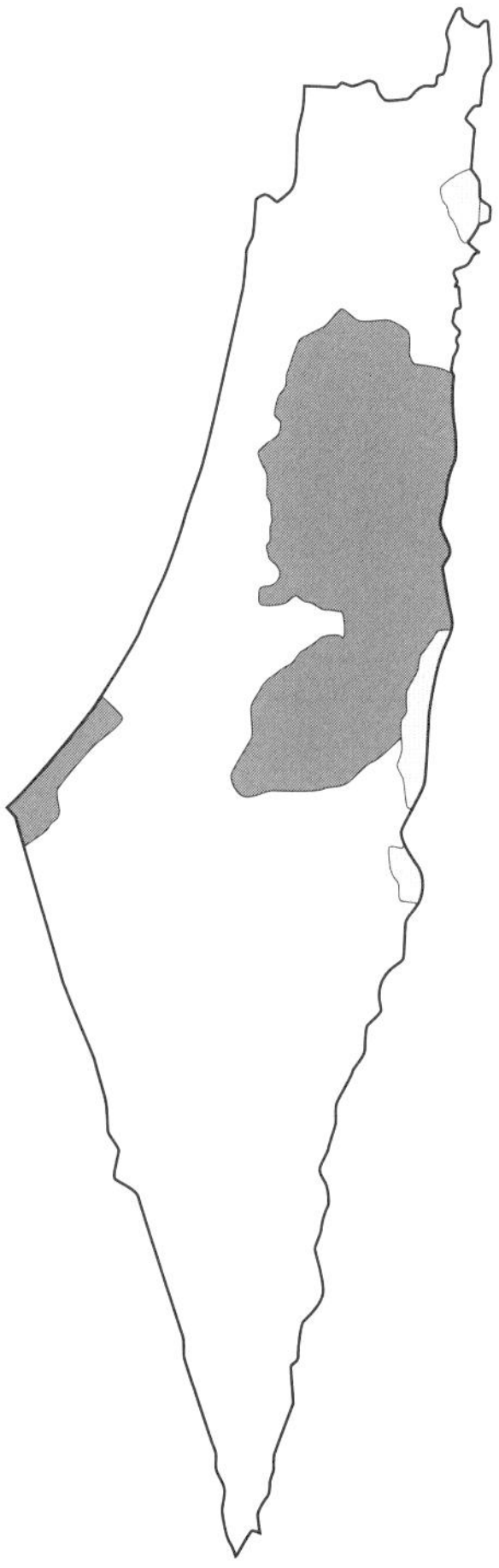

重信メイ（しげのぶ・めい）

レバノン・ベイルート生まれ。ジャーナリスト、プロデューサー、メディア研究者。ベイルート・アメリカン大学（ＡＵＢ）卒業。レバノン大学ジャーナリズム学科卒業。ＡＵＢ国際関係学修士。同志社大学大学院メディア学博士。ＭＢＣ中東衛星放送の日本特派員やＡＦＰレポーター、朝日ニュースターのライブ政治討論番組キャスター、同志社大学嘱託研究員、レバノン Transterra Media TMM、ＧＰＴソリューションズ、カリフォルニア大学リバーサイド校客員研究員などを経て、現在は衛星テレビ局アルジャジーラ勤務。著書に、『「アラブの春」の正体―西洋とメディアに踊らされた民主化革命』（角川ｏｎｅテーマ新書）、『中東のゲットーから』（ウェイツ）、『秘密―パレスチナから桜の国へ　母と私の28年』（講談社）など。共著に、坂本龍一監修『非戦』（幻冬舎）、自由報道協会編『自由報道協会が追った３・１１』（扶桑社）など。

戦時中に、ごく普通の人々――父親、兄弟、友人――が大義の名の下に恐ろしい行為を行うことが、どうして可能なのかと不思議に思うかもしれません。第二次世界大戦中の日本人も例外ではありませんでした。それが許容されてしまうのは、なぜでしょうか。

その答えは簡単です。相手を動物や劣等な存在として非人間化し、関心を持つに値しないものとして認識するようにする・させるのです。このパターンは、歴史上の様々な残虐行為に見られます。ベルギーの植民地支配者によるコンゴでの虐殺。ヒトラーらナチスのアーリア人至上主義者によるユダヤ人ホロコースト。白人植民地支配者によるネイティブアメリカンの絶滅に近い状態などなど。そして今、シオニスト入植植民地主義者によって公然と行われているパレスチナ人のジェノサイドです。

非人間化は一夜にして行われるものではなく、情報の操作、偽情報、プロパガンダなどの過程を通じて慎重に培われ、進行します。そして、その過程にはしばしばメディアが関与しています。

ジェノサイドが始まってから一年を迎えようとしている今、ほとんどのパレスチナ人は家を失い、飢え、不眠に悩み、心に傷を負っています。また、毎日のように親族や愛する人を失っても、喪に服することができません。ガザの冬は寒く、雨が多く、厳しいものです。夏も決して楽ではなく、灼熱の暑さが続き、七月や八月には気温が四〇度を超えることもよくあります。

中東でほとんどの人生を過ごし、戦争地帯で子ども時代を過ごした私でさえ、この一一カ月間、パレスチナ自治区ガザ地区（以下、ガザ）で目撃したほど多くの切断された人々の手足や負傷した子どもたち、そして血まみれの遺体を見たことはありません。このジェノサイドは、中東ではリア毎日ライブで配信されていますが、パレスチナ人は、生き残っているパレスチナ人は、餓死や飢餓が恒常化するなか、毎日地獄のような環境の中で過ごし、虐殺から生き延びています。彼らは家や財産をすべて失い、空爆を逃れるための「安全地帯」は何度も、何度も変わり、疲れ果てています。逃げ場がないため、家族と共に安全に暮らせる場所もありません。

ガザで起こっていることを懸命にフォローしたり、ネットワークに発信したりしている私たちジャーナリストは、精神的にも心理的にも消耗しています。それは、無力な人々が私たちの目の前で殺されるのを日々、目撃するからだけではありません。私たちが完全に無力であると感じるからです。

これらの犯罪がアルジャジーラなどの衛星放送やソーシャルメディアを通じて毎日ライブで配信されているにもかかわらず、人道に反する行為を世界が止められない。その現実に直面し、何もかもが信じられない気持ちです。ガザのパレスチナ人は、命を賭けて、彼らが何を経験しているのか、また想像を絶する日常の苦しみを世界に伝えようとしています。しかし、それで事態が変わることも、現地の政治状況が変わることもありません。

それでもなお、ガザのジェノサイドの原因について「ハマスが二〇二四年一〇月七日にすべてを始めたから」「ガザの人々がハマスの指導者を選んだせい」「パレスチナ人を人間の盾として利用したハマスが悪い」といったコメントを日本人や西洋諸国の人たちから耳にするたび、困惑させられます。これらの言葉が、ガザの人々の苦しみを正当化するかのように聞こえるからかもしれません。ですが、パレスチナの人々が七六年以上にわたって苦しみ、耐えてきた原因が、一九八七年に誕生したハマスにあるわけではないのです。

さらに、ガザの人口の半分は一八歳以下です。これらの人々は、二〇〇六年に行われた、ハマスが勝利した直近の選挙には参加していません。当時のハマスは、全体の五〇％強の票を獲得したに過ぎず、ガザ全体を代表しているわけでもありません。パレスチナ問題の原因は、人間としての普通の生活すら許されない占領下における、イスラエルによるアパルトヘイトや植民地主義にあります。まず、それをわかってほしい。

「人間の盾」というのなら、逆にイスラエル兵がパレスチナの人々や子どもを盾として利用していることは、無数の映像で確認されています。占領下の人々が石を投げて来るのを防ぐために負傷したパレスチナ人をジープの前に縛りつけて、パレスチナ自治区ヨルダン川西岸地区（以下、西岸地区）の街中を通り抜ける映像が存在します。ガザで捕らえた民間人のパレスチナ人人質を盾や囮にして、戦場やトンネルを調査させて、そこから逃げたり、抵抗勢力に警戒させないため、攻撃型ドローンで追ったり射殺する映像も存在します。仮にハマスがパレスチナ人を人間の盾として使用しているとすれば、イスラエルがこれほど自由かつ無差別に市民を標的にしている現状を見たハマスは、市民が自分らを保護する手段にはならないことを理解しているでしょう。

でも、たとえ戦闘員が市民の間に隠れているからといって、両者を一緒に爆撃することが許されるはずがありません。もし銀行や学校で人質事件が起きた場合に、警察が犯人とともにすべての人質を殺してしまうような攻撃を行うでしょうか？　そうしたことをイスラエルが大規模かつ公然と行う。政治家やメディア、そして一部の人々は、何の疑問もなく、それを「自衛」として支持しているのが不思議です。

なぜ、こうなるのでしょうか？　政治家は、たしかに同盟関係や個人的利益のために、人倫や道徳を無視することがあるかもしれません。しかし、普通の人々がその政治的立場に関係なく、これほどまでに無差別殺戮に無感覚になるのは、いったいなぜなのでしょうか？　まるで私たちが「異なる二つの宇宙」や「異なる現実」を目撃しているかのように感じます。

確かに、「異なる二つの宇宙」や「異なる現実」については、私がジャーナリズムの仕事に就いて以来、ずっと観察してきたことです。西洋社会が世界について受け取る情報は、グローバルサウス（南半球に多い新興国や途上国）に住む人々が経験している現実とは大きく異なっています。この差異は、特にパレスチナに関する報道で顕著になっており、とりわけ二〇二三年一〇月七日以降、それが際立っています。

イラク、ウクライナ、シリア、リビア、ルワンダ、アフガニスタン……。これらの国の戦乱報道で見られたように、メディアの偏向は事実を歪め、有害なステレオタイプを永続させ、既存の権力構造を強化してきました。その意味で、メインストリームの西洋メディアは、グローバルサウスで暮らす人々を裏切っているともいえます。

ここで論じる「西洋メディア」とは、米国、欧州、カナダ、そして豪州の大手のメディアを指します。日本の多くのメディアは、それらをあたかも第一次的なニュースソースのように無批判に受け入れ、報道していることに疑問を禁じ得ません。

なぜ多くの西洋メディアは、イスラエル寄りの報道をするのか？

西洋のメディアは長い間、特に政治的・経済的覇権に挑戦する国々に対して、偏見を示してきました。そうした文脈で見ると、情報やメディアの中で表現される戦争の姿は、実際の戦争と同じくらい、あるいはそれ以上に重要になっています。

私もそのひとりですが、両方の情報源にアクセスが可能な観察者にとっては、まるで西洋とその他の国々という、異なる二つの世界で出来事が進行しているかのように感じられます。とりわけ、ガザで進行中のジェノサイドをソーシャルメディアやアラビア語のニュースを通じて追っている人々は、そのことを感じていることでしょう。他方で、西洋メディアはイスラエルを「被害者」としての立場で伝えることに焦点を当てることが多い。つまり、イスラエル主導の物語に沿って、ニュースを扱っています。

こうした西洋メディアの偏見については、エドワード・サイードの「オリエンタリズム」と、ノーム・チョムスキーの「プロパガンダの五つのフィルターによる合意の製造」という、二つの重要な枠組みを使って理解することができます。

オリエンタリズムと歴史的偏見

オリエンタリズムは、西洋の文化や社会が「東洋」（主にアジア、中東、北アフリカ）を歴史的にいかにステレオタイプ的かつ侮蔑的に描写してきたのかを批判的に分析します。この手法は、ポストコロニアル時代において、西洋の介入や支配を正当化する枠組みとして機能してきたことを明らかにします。

オリエンタリズムの視点は、出来事を「文明化された者」の視点から報じる西洋メディアの姿勢に影響を与えます。西洋人の彼らは、西洋以外の「他者」を「エキゾチックだが後進的」かつ「未開」な人々として認識します。

たとえば、パレスチナに造るユダヤ人国家（＝イスラエル）について、テオドール・ヘルツルは「ヨーロッパのために、我々はその地でアジアに対する防壁の一部を作り、野蛮に対する文明の前哨の任務を果たすであろう」と『ユダヤ人国家――ユダヤ人問題の現代的解決の試み』（佐藤康彦訳、法政大学出版局）の中で書いています。このようにイスラエルは、中東におけるヨーロッパ植民地主義の延長として創設されたため、「文明化された西洋」の一部として位置づけられるのです。一方で、パレスチナ人やアラブ人は「未開の他者」として位置づけられます。この文化的偏見は、紛争が報じられる方法に影響を与えます。すなわち、西洋メディアは絶えずイスラエルの視点を採用し、パレスチナ人の声や経験を軽視する傾向が歴史的にあるのです。

この偏見は、CNNのベテラン記者クリスティアン・アマンプールの「ガザには西洋のジャーナリストがいないため、そこで何が起こっているのかを知ることができない」という最近の発言に象徴されます。アマンプールのこの発言は、西洋の優越主義的なトーンを帯びています。確かに、外国人ジャーナリストをガザに入れないことで、虐殺や人権侵害の実態をイスラエルは隠そうとしています。しかし、このことによって、地元のジャーナリストが命がけで現場を取材し、その状況を外部に伝える努力をしていることを否定してよいものではありません。

地元のジャーナリストの実力が不十分であるとか、西洋メディアと選ばれた記者の視点からしかガザの正確な情報が得られないという考え方は、少なくともパレスチナ人ジャーナリストを侮辱しています。西洋のジャーナリストが紛争の現地に到着したとき、まず何をするのか。彼らは、地元のコーディネーターや記者らと連絡をとり、いま何が起こっているのかを説明してもらい、必要な情報源へと案内してもらっていて、現地の人たちの助けを抜きにレポートできないのです。

さらに、ガザについて議論する西洋のトークショーやニュース番組などにも、この偏見が見られます。必ずといっていいほど、イスラエルを代表する人物――アナリスト、政治家、イスラエルの政府関係者など――が登場し、自国の状況について語る機会を与えられます。これに対して、パレスチナ人が自らの立場を話す機会はほとんど与えられません。パレスチナについて語る人はいるが、パレスチナ人が語ることはまれで、ガザを代表する人物が話すことはないのです。たとえパレスチナの代表者が登場する場合でも、主にハマスを非難させることがメインで出演し、圧力がかけられるのです。他方、イスラエルの代表者には、自国の行動を正当化する十分な時間が与えられます。

くわえて、多くの西洋メディアはガザでの犠牲者数について報じる際に、「ハマスが運営する保健省」による数値であると述べて、まるでその数値が信頼できないかのような印象を視聴者に与えています。しかし、二〇二三年一〇月七日の事件が起きた際には、西洋メディアはイスラエル政府が発表する犠牲者数をほとんど疑うことなく受け入れていました。たとえば「これらの数値は、イスラエルの右派政府によって提供されたもの」であることなど、特に強調されることはありません。皮肉なことに、イスラエル政府が発表した被害者数は大幅に水増しされていました。ハマスの奇襲攻撃によるイスラエル人の死者数は、当初一四〇〇人と発表されたものの、のちに一一三九人に訂正され、うち三七三人が軍人だったのです（さらにイスラエルのジャーナリストの調べによると、多くがイスラエルの砲弾で殺されたことも判明）。多くの西洋メディアは、このイスラエル政府が発表した犠牲者数について、数値を修正することなく報じ続けています。

西洋のメディアがイスラエルの情報源に、事実検証もしないまま無批判に依存した結果、様々な弊害が起こっています。たとえば、イスラエル政府は、国際司法裁判所（ＩＣＪ）が「イスラエルのガザに対する戦争がジェノサイド条約に違反する可能性がある」とほぼ全会一致で判決し、六つの暫定措置を課したことで、国際的に大きな打撃を受けました。この件に関するメディアの注目を逸らすため、イスラエル政府は、同じ日に国連パレスチナ難民救済事業機関（ＵＮＲＷＡ）のパレスチナ人職員一一名が、一〇月七日のハマスの攻撃に加担したと非難しました。この告発はＩＣＪの判決と同日に行われたため、西洋メディアの注目を効果的にそらし、報道はこの告発に集中しました。その結果、ＵＮＲＷＡの主要なドナーは即座に資金提供を停止したのです。その後も西洋メディアは、イスラエルの主張を証拠の検証なしに報じることに終始しました。

イスラエルの国内メディアとオーストラリアのＡＢＣニュースが二〇二四年九月九日に発表した調査結果によると、イスラエルのパイロットや兵士、警察が、ハマスによる人質の連れ去りを阻止するために、ガザに戻るすべての車両に発砲し、自国民を数多く殺害していたことが明らかになりました。交渉の際に弱みとならないようイスラエル側の捕虜を敵と共に殺害するという軍の方針、いわゆる「ハンニバル指令」が民間人に向けて実行されたとのことです。

もっともスキャンダラスな事例は、ハマスによる「組織的なレイプ」や「四〇人の赤ん坊の斬首」といった未確認情報に対するメディアの熱狂です。これらは、一人のイスラエル兵の証言に基づいて報じられました。しかし、イスラエル国内の独立系メディアやジャーナリストらがこれらの主張を調査した結果、それを裏付ける証拠は見つかりませんでした。イスラエルのリベラル系メディアの一部は、それらの誤りを訂正しました。他方、主な西洋メディアは、ほとんど訂正を行いませんでした。

このような虚偽の情報によって西洋メディアが世論を効果的に誘導したことにより、世界で「イスラエルには自衛の権利がある」という感覚が高まり、結果としてガザにおけるパレスチナ人のジェノサイドが西洋を中心に、事実上容認される状況になりました。

西洋メディアによる世論形成は、イスラエルが建国されて以降、何十年も続いています。そして、ガザや西岸地区のパレスチナ人がイスラエルによる占領や抑圧、窒息するような包囲を経験している事実は、なかなか報じられません。

チョムスキーの「プロパガンダ・モデル」から見た親イスラエル世論形成

ノーム・チョムスキーとエドワード・S・ハーマンの共著『マニュファクチャリング・コンセント――マスメディアの政治経済学 I』（中野真紀子訳、トランスビュー）では、西洋のマスメディアが政治的・経済的エリートの利益に奉仕する役割を果たしていることを理解するための枠組みが提示されています。その奉仕は、公共の言説を支配する物語を形成する五つのフィルター（メディアの所有の集中、広告の影響、情報源の偏り、批判への抑制、敵の定義）を通じて達成されると論じています。

このチョムスキーらの論理を現実のパレスチナの文脈に適用すると、イスラエル寄りのバイアスを示すメディア報道の実態がよくわかります。また、イスラエルの長期的な占領と抑圧、そして現在進行中のパレスチナ人に対するジェノサイドに関する報道をその文脈で見てみると、西洋メディアがイスラエルの利益に沿ったバイアスで動いていることがあきらかになり、そのことが西洋で親イスラエルの世論を形成するためのプロパガンダツールとして機能する理由も理解できます。それぞれのフィルターがどのように現れるかを、以下に示します。

〈1　メディアの所有〉

西洋で消費される主要なメディアのほとんどは、ザ・ビッグ・シックスとして知られる六つのメディア複合企業体のいずれかに所有されています。これらのメディア企業やその子会社の多くは、イスラエルや親イスラエルのロビイング団体とつながりのある所有者、CEO、そして取締役を持ちます。まず、この点が紛争の偏った描写につながっています。

その中でも最大手であるナショナル・アミューズメンツの社長であり、パラマウント・グローバルの会長でもあるシャリ・レッドストーンは、イスラエルの強力な支持者です。コムキャスト（アメリカ最大のケーブルテレビのプロバイダー提供者）のCEOであるブライアン・ロバーツは、イスラエルへの偏愛で知られています。ニュース・コープの会長であるルパート・マードックもまた、イスラエルを強く支持するメディアの大物です。ウォルト・ディズニー・カンパニー（ビッグシックスのメディア複合企業体の中で二番目に大きい）のCEOであるボブ・アイガーは、二〇二三年一〇月七日以降、イスラエルの人道支援に二〇〇〇万ドル（約二億九四〇〇万円）を寄付すると発表しました。

これらのメディア企業は、二四時間ニュース放送、エンターテインメントやアニメーション制作、新聞、出版、ソーシャルメディア、インターネットサービス、ビデオゲームの開発など、様々な形態の情報配信を支配しています。そして、これらの企業は、西洋の政府やイスラエルと経済的に良好な関係を維持する、利害関係にあります。

たとえば、もっとも権威ある英字新聞とされる「ニューヨーク・タイムズ」は、イスラエルに友好的で偏った、非プロフェッショナルな報道で批判されています。二〇二三年一二月二八日の同紙は、ピューリッツァー賞受賞者であるジェフリー・ゲトルマン主導の記事で、ハマスが戦争の武器として性暴力を使用したと断定的に報じました。「模範的な報道」と称されたこの記事は、元イスラエル軍情報将校のアナト・シュワルツとフードブロガーの甥アダム・セラとの共同執筆で、客観性に欠ける内容でした。しかも、主要な証人が証言を否定したり、記事で紹介された被害者家族が取材の内容が違っていると公に非難するなど、重大な矛盾が次々と明らかになっています。

この論争は、雑誌「タイムズ」のガザに関するイスラエルの戦争報道で、イスラエル国防軍の情報源に偏り、パレスチナ人の死者数を軽視していると批判される中で生じました。アメリカのインターネットメディア「ザ・インターセプト」による分析は、「タイムズ」の報道が親イスラエルに著しく偏向していることを浮き彫りにし、同誌が長年の批判に反発するどころか、親イスラエル報道を強化している現状を示しています。

その編集主幹であるジョセフ・カーンの父レオ・カーンは、アメリカの中東報道正確度委員会（CAMERA）の理事を長年務めていました。この団体は、一九八二年にイスラエルがレバノンのベイルートを侵略した時にイスラエルへの批判を封じるため設立されました。主にイスラエルへの批判的な報道を点検し、変えさせる役割を負っています。あまり知られていませんが、メンバーは六万五〇〇〇人に上るといわれています。

この団体は、イスラエル批判を封じるために、反イスラエルの記事に対して「誤報」や「偏向報道」のレッテルを貼ります。記者や編集者、プロデューサー、出版社に対して、報道した記事や論評を取り消すまで、執拗に電話をし、メールを送り、名誉棄損やボイコットキャンペーンを繰り返して妨害します。そして、変更をさせることに成功した記事や報道を自らのホームページに載せます。

たとえば、「ガーディアン」が入手したリーク情報によれば、「ニューヨークタイムズ」ではジェセフ・カーンが編集長に就いて以降、記者たちに「占領」「民族浄化」「難民」「パレスチナ」などの言葉を使用しないよう指示する内部の編集ガイドラインが配布されていることが明らかになりました。「占領」を「係争」に変えて報道するなど、イスラエル寄りの用語で記事のタイトルを作成し、情報を伝えるようになりました。

「ザ・インターセプト」のデータ分析研究によれば、数万人のパレスチナ民間人が殺されている中で、雑誌「タイム」は一貫してイスラエルの死者に関する報道に多くの誌面を割いており、被害者である印象を残す同情的で擁護するような言葉をイスラエルに対して用いる一方、パレスチナ人にはそうした言葉をほとんど使っていません。一般的なニュース報道においては、イスラエルをテロリズムの犠牲者として描く一方、占領下でパレスチナ人が直面する抑圧と暴力を最小限に報じるか、無視しています。

このようなメディア企業の所有者たちの偏見により、報道が選択的になり、世論を歪めています。パレスチナ人は主に「攻撃者」として描かれ、イスラエルは攻撃者から「自己防衛している」と描かれます。

〈2　広告収入〉

メディア企業は、広告収入に大きく依存しており、広告主にはイスラエルと政治的・経済的な利害関係を持つ企業が含まれる場合が多くあります。たとえば、防衛、技術、金融セクターの広告主はイスラエルと強いつながりを持っていることから、報道内容がイスラエルに好意的でないと判断された場合、広告の撤回をちらつかせて、その内容に影響を与えることがあります。

二〇二三年一〇月七日から数日後、ウォール街やハリウッドの億万長者たちは、ハマスをアメリカ国民に「テロ組織」として印象づけるためのメディアキャンペーンに、五〇〇〇万ドルを拠出する計画を議論したと、ニュースサイト「セマフォール」が報じました。最終的にどれほどの資金が集まったかは定かではありませんが、多くの億万長者が初期段階で親イスラエルのキャンペーンへの協力の意向を示しました。

同じく「セマフォール」によると、不動産業界の億万長者であるバリー・スターンリヒトは、エンターテインメント界の大物であるデビッド・ゲフィン、グーグルの元CEOであるエリック・シュミット、デル・テクノロジーズのCEOのマイケル・デルなど五〇名以上の著名人にメールを送信した上で「FACTS FOR PEACE」というウェブサイトを立ち上げ、ソーシャルメディアなどを中心にキャンペーンを開始しました。また、CNNのオーナーであるデビッド・ザスラフやエンデバーのCEOのアリ・エマニュエルは、キャンペーンを調整するようにスターンリヒトから求められました。

このようにして、広告収入を維持するため、メディア企業はイスラエルの軍事行動に対する批判を避けたり、パレスチナの苦しみや惨状を軽視したりする傾向があります。その結果、たとえばアメリカではイスラエル寄りの物語が作り出されることになります。

〈3　ニュースの情報源〉

メディアのニュース部門は、政府の報道官や軍のブリーフィング、西洋に同調するシンクタンクなどの公式情報に依存することが多くあります。イスラエル政府や軍の公式声明は、しばしば現地からもたらされるパレスチナの声よりも優先されてしまうのです。それは、パレスチナ側の意見は信頼性が低いとされたり、単に過小評価されるからです。

二〇二三年一〇月二七日、イスラエル軍の報道官であるダニエル・ハガリは、北ガザのアル・シファ病院への攻撃準備について、以下の二点を記者に説明しました。第一は、ハマスの戦闘員が病院に隠れていること。第二は、五つの病院棟がトンネルネットワークで繋がっており、戦闘員は地下から病院にアクセスできること。

同年一一月中旬、イスラエル軍は病院を包囲し、外に出てくる者を殺害し、医療スタッフを逮捕し、負傷者や病人を多く殺害し、それをもって勝利と宣言しました。「ワシントン・ポスト」がのちにすべての映像を調査した結果、イスラエルの主張を裏付ける証拠は見つかりませんでした。世界保健機関（WHO）の医療スタッフが、病院に残された人々を避難させるためにアル・シファ病院を訪れた際、彼らは病院を「死のゾーン」と表現しました。

国連は、イスラエル軍の侵入前に、医療スタッフによってすでに一八〇人が埋葬され、その中には少なくとも四〇人の患者と四人の未熟児が含まれていたと述べ、彼らはイスラエル軍による包囲と、薬や燃料不足のために死亡したと報告しました。民間人や民間のインフラ（特に病院、学校、シェルター）を攻撃することは、戦争犯罪と見なされます。ところが、これらの箇所を空爆などで攻撃するイスラエルに、西洋メディアから非難の声はありませんでした。病院や医療関係者は、国際人道法（ＩＨＬ）によって特別に保護されており、紛争のすべての当事者はその保護を確保する義務があるにもかかわらずです。

西洋メディアは、イスラエルによる病院やシェルター、学校など民間施設への攻撃、すなわち戦争犯罪を正当化しています。ガザにある三六の病院すべてが攻撃を受けました。また、ガザにある学校の七〇％以上が完全に破壊されたと、ＵＮＲＷＡが二〇二四年九月二日に発表。ウクライナ紛争と比較をすると、二〇二四年七月八日にウクライナの病院がミサイルで爆撃された時は、ロシアが非難される報道が見られました。一方、ガザが攻撃されても、イスラエルが非難されるような見出しや記事は見られません。

二〇二四年三月にも、病院の下にハマスの軍司令部とコントロールセンターがあると主張し、イスラエル軍はふたたび病院を包囲し、攻撃しました。地元の報道によると、二週間にわたる作戦で、約三〇〇人が殺害され、パレスチナ赤新月社の広報担当者はアルジャジーラで、民間人や医療スタッフがイスラエル軍兵士によって処刑されたと主張しました。この包囲作戦では無差別砲撃が行われ、病院複合施設にも大規模な被害が及びました。当時、この施設には何千人もの避難民や患者、医療スタッフが収容されていました。西洋メディアはイスラエル政府の言い分をそのまま受け入れました。しかし、アラブ世界で、現地のジャーナリストや病院内に滞在していた記者、北ガザに滞在していた人々が伝えていた動画は、イスラエルが世界に発表しているものとは全く異なりました。病院内には、負傷した子どもや女性、高齢者が生き延びようと必死になる姿があり、彼らはイスラエル軍の接近に恐怖を感じていました。イスラエル軍が入ったあと、彼らは病院内のすべての人を一カ所に押し込め、ほかのエリアを爆撃し、地下を掘り進めました。しかし、メディアや世界に納得させるために、イスラエル軍が示した3Dの図面ほどの規模のトンネルや地下室は、結局のところ見つかりませんでした。この時も、イスラエルの報道官と軍関係者は、メディアから説明の場を与えられた一方、ハマスの報道官や関係者は一切登場しませんでした。パレスチナ保健省の代表者は、イスラエル軍の攻撃や病院への侵入後、アラビア語のテレビ番組で現地の状況を正確に伝えるため、記者会見を行いました。しかし、それはアラビア語が通じる非西洋メディアでしか取り上げられませんでした。この時点で、ガザにある三六の病院のうちの二二がイスラエルによって爆撃され、運営不能となっていました。

以下は、いくつかの西洋メディアの見出しの例です。

「イスラエル軍、ガザで閉じ込められた未熟児の救出準備」（「ザ・テレグラム」二〇二三年一一月一一日付）。実際には未熟児たちは、数カ月後に病院に戻った人々によって、死んで腐敗した状態で発見されました。

「イスラエルとハマスの戦争：ガザの病院は銃撃戦の巻き添えに」（「フィガロ」二〇二三年一一月

一三日付)。これは、病院内でイスラエルとハマスという当事者間の銃撃戦があったかのような誤解を招くタイトルですが、記事と違って現地の映像では、イスラエルの攻撃のみが映し出されていました。

「ガザでは白い覆いの列が市民の哀悼を象徴」(「ロイター」二〇二三年一二月三一日)。「白い覆い」とは、死体を包む白い布のこと。非常にあいまいなタイトルで、どの市民(パレスチナ人は言及されていない)がなぜ喪に服しているのかは明記されていません。

こうした報道のフィルターの結果として、イスラエルの物語が不釣り合いに可視化されます。一方で、イスラエルの攻撃を強調するパレスチナの視点は周縁化されるか無視される。そして、紛争に対する一方的な見方が固定化されていきます。

くわえて、アメリカ・イスラエル公共問題委員会(AIPAC)やその他の強力なイスラエルのロビー団体は、アメリカやイギリス(およびEU諸国)の政権を握る政治家に資金を提供し、資金を得た政治家たちはその見返りにイスラエルの物語と一致した発言をするのです。そして、それぞれの国のメディア企業に対して、親イスラエルという暗黙のルールに従うよう圧力をかける。最終的には国家政策にも影響を与えます。たとえば、バイデン大統領はAIPACイスラエルのロビー団体から、米国の政治家の中で、最も多い政治資金額を受け取っています。その額は、政治キャリアの始まりから現在に至るまでに、四三四万六二六四ドルに上るのです。どれだけガザで人々が殺されようと、彼がイスラエルを支持する理由は、ここにあります。

さらなる武器や弾薬をイスラエルに送ることに対し、多くの市民が反対の声を上げ続けています。にもかかわらず、イスラエルにパレスチナ人を殺す手段としての武器や弾薬を、アメリカ政府は提供し続けています。たとえば、二〇二四年八月二七日には、二〇〇〇ポンド爆弾が軍事装備として、五〇〇回目の輸送が行われました。

こうした「公式」な情報源に依存し、それを優先することによって、西洋メディアは親イスラエルの人々が望む指針や話題の焦点を社会に提供しています。

〈4　非難と監視〉

イスラエルの政策を批判したり、パレスチナ人の苦しみを強調するジャーナリストやメディアは、しばしば「フラック（flak）」と呼ばれ、厳しい反発に直面します。この反発には、「反ユダヤ主義」という非難や職業上の不利益、そしてテロリズムへの支持者としてのレッテル貼りが含まれます。AIPACのような親イスラエルのロビー団体や、CAMERAのようなメディア監視団体は、イスラエルに批判的と見なされるメディアを積極的に監視し、その内容に異議を唱えます。

フラックによる脅威は、バランスの取れた報道を妨げ、各ジャーナリストが自身のキャリアやメディア内での地位を守るため、イスラエルに批判的な報道を避ける自己検閲を招くことです。

たとえば、CNNの創設者であり、AOLタイム・ワーナー（現在のワーナーメディア）の副会長でもあったテッド・ターナーは、二〇〇二年の「ガーディアン」によるインタビューで、以下のように語っています。

> イスラエル人とパレスチナ人は、お互いにテロ行為をしていないだろうか？　パレスチナ人は自爆テロで戦っている。それが彼らのすべての手段だ。イスラエルは、世界でもっとも強力な軍事力を持っている。パレスチナ人には何もない。では、誰がテロリストなのか？　私は両方がテロ行為に関与していると主張するだろう

この発言に対して、イスラエルやアメリカのCAMERA、AIPACのような親イスラエルのロビー団体から大きな反発がありました。ほとんどの親イスラエルのロビー団体やコミュニティは、当時、CNNの視聴をボイコットするように呼びかけました。その影響で、CNNはイスラエルの衛星会社との独占契約を打ち切られ、代わりにFOXニュースが契約を行いました。さらに、イスラエルの入植者組織は、ケーブルチャンネルからCNNを外す決定をしました。これにより、CNNは広告収入にも影響が出ることになりました。最終的に、CNNはイスラエル側の情報にもっと時間を与え、パレスチナの自爆攻撃者の家族を出演させないことを約束したのです。

二〇一六年に始まった「カナリー・ミッション」というウェブサイトがあります。これは、イスラエル政府とアメリカ国内の協力者による、アメリカ在住の親パレスチナの人物に対するスパイ監視活動です。大学や企業、職場で学生やスタッフが親パレスチナの人物の個人情報を秘密裏に収集

し、オンラインで公開し、ブラックリスト化しています。このデータベースは、一般公開されていて、親イスラエルの権力者や雇用者が、イスラエルに批判的な発言をする親パレスチナの従業員を解雇・排除するといった目的で使われたりします。特に、ジャーナリストや学者など専門分野で意見を持ち、社会に影響力を持つリーダーが標的になります。

イスラエルによるガザ攻撃が始まったあと、全米作家組合（NWU）は人事報復に関する報告書をまとめました。二〇二三年一〇月七日から二〇二四年二月一日までに、四四件の報復事例があり、一〇〇人以上に影響を与えたと検証しています。報告書は、報復のかたちを九つに分類しています。

①イベントへの出演のキャンセル
②仕事の割り当てのキャンセル
③業務の制限
④解雇
⑤辞任
⑥ソーシャルメディアでの抑圧
⑦オンラインハラスメント
⑧褒賞の取り消し
⑨その他

二〇二三年一〇月七日以降、多くの著名人が影響を受けました。たとえば、女優のスーザン・サランドンは事務所から解雇され、ニュース専門放送局のＭＳＮＢＣでムスリムアンカーとして活躍していたメフディ・ハサンとアリ・ヴェルシも解雇され、長年「ガーディアン」で漫画の執筆を手がけていたスティーブ・ベルが解雇されました。いずれもイスラエルによるガザ攻撃を批判したのが理由です。さらには、ライフサイエンスの学術誌「eLife」の編集長であるユダヤ人のマイケル・アイゼンでさえ、パレスチナ市民の命に対する無関心を指摘したことで職を失いました。

この報告書が世に出てから、ＮＷＵと同様の報告する人が増えています。アメリカの大学生たちがイスラエルを批判し、パレスチナとの連帯を訴え、大学構内でのテントキャンプに参加するようになってからは、多くの学生や教員がカナリー・ミッションのリストに追加され、学生は停学や退学させられ、教員は解雇されたり停職処分を受けました。

さらに、アップルやグーグルなどのＩＴ企業で働くイスラム教徒やアラブ系のスタッフは、ガザでのパレスチナ人殺害における自社の関与（イスラエルがパレスチナ人の標的を見つけるために兵器化されたＡＩシステム「ラベンダー」に提供される個人データなど）について懸念を表明したところ、解雇されました。

〈5　反共産主義／敵対イデオロギー〉

現代の文脈では、敵対イデオロギーといったフィルターは、より広範な「テロとの戦い」の枠組みを示すものとして見ることができます。とくに西洋メディアでは、パレスチナ人が過激なテロリストとして描かれ、反欧米のイデオロギーと結びつけられます。パレスチナを反共産主義や敵対イデオロギーと結びつけることで、イスラエルの強硬な軍事対応を「テロとの戦い」の一環として正当化し、パレスチナ人に対する人権侵害を軽視するのです。ネタニヤフは、特に米国をはじめとする西洋諸国の同情を得るために、ハマスをＩＳ（イスラム国）と同一視するまでに至りました。

メディアによるパレスチナ人の描写は、常に暴力やテロと結びつけるのです。そのことが支配イデオロギーとしてイスラエルの軍事行動と、七六年にわたる占領と一七年間の完全なガザ地区の包囲を正当化しています。そして、攻撃と占領と包囲に対するパレスチナ人の不満を、単なる過激主義として片付けます。

そのイデオロギーは、ガザで行われている戦争を、「ハマスとイスラエルの間の戦争」だと単純化するレッテル貼りから始まります。メディアを通じて、長年にわたりハマスがテロ組織であるとアメリカの世論に刷り込んできました。西洋諸国以外の国際社会では、ハマスは普通に選挙で勝った政党として、ほとんどの国が認めているのです。次のステップとして、戦争をハマスとイスラエルの二者間の対立に単純化する。こうして大衆を歪んだ物語へと欺くことが可能となります。いまイスラエルはガザ全域を爆撃し、ヨルダン川西岸のパレスチナ人にも攻撃を加えているにもかかわらずです。

さらに、西洋メディアがパレスチナ人を他者化し、非人間化する共犯者となる理由が、もう一つあります。それはイスラエルの「ハスバラ」です。彼らはそれを「公共外交」と呼んでいますが、実際には欺瞞の装置だと言えます。「ハスバラ」は、一方的な論点、偏見的な内容、感情に訴える手法で、特定の立場や原因についての認識と行動に影響を与えるために、認識を操作する意図的なコミュニケーションです。それによって、受け手が政治的に受け入れがたい見解や、個人または集団に関連する情報を考慮する意欲を低下させ、社会的ネットワーク内での不利な情報の流通を抑制することを目的としています。イスラエルのイメージをよいものだけに限定し、否定的なアクションやコメントを抑圧するための語りを形成する国営プログラムです。ちなみに、ヘブライ語でハスバラは「説明する」という無害であるように聞こえる意味を持ちます。

イスラエルは、ハスバラによって自らに都合のよい真実を作り出します。「虚偽のイスラエルの物語」は、抵抗運動とパレスチナを悪魔化し、ガザ地区に対するジェノサイドを正当化することを目的としています。また、捏造された出来事を通じて、欺瞞の装置を作り上げてきました。彼らは、政治家や外交官、ビジネスマン、そして学生に対して、「イスラエルを説明する」技術を国民に訓練しています。このハスバラの訓練が、イスラエルの報道官や政治家、さらには一般市民までもが、批判や論争に対して同じレトリックを口にする理由です。

「ニューズウィーク」は、二〇〇九年にイスラエル政府から漏洩した「グローバル・ランゲージ・ディクショナリー」と呼ばれる文書を入手・公開しています。これは、現代および歴史的なイスラエル問題に対する各論点の議論の方法を解説するものです。ハスバラは、デジタル空間でも暗躍します。偽りのソーシャルメディアアカウントを背後で操り、イスラエルに批判的な者への嫌がらせなどのインターネットトロールを行い、それを「国家的義務」としています。ハスバラの内容は、外務省および首相府によって監修されています。

たとえば、二〇二四年六月八日、イスラエル軍はヌセイラト難民キャンプで少なくとも二七六人を殺害し、六九八人以上を負傷させました（ガザの保健省とパレスチナの医療当局による）。これはイスラエルが四人の人質を救出するための作戦行動中に、無差別に周辺にいる民間人を攻撃したから発生したのです。そして、多数の民間人の犠牲者が出たにもかかわらず、イスラエルはこの出来事を勝利と見なし、救出の物語を西洋メディアに押し付けます。パレスチナ人の犠牲を最小限に抑えたと主張しました。この虐殺からイスラエルを免責することを狙ったのです。西洋メディアはイスラエルの物語に沿い、パレスチナ人の犠牲者や現場の惨状よりも、解放された四人の人質に焦点を当て、そちらを優先かつ大大的に報じました。これがハスバラの成功例です。

ほかに、よくあるハスバラの言い分としては、「ハマスは学校や病院に隠れている」「彼らは人間の盾を使っている」があげられます。これを理由に学校や病院への攻撃を正当化しているのです。この言い分によって、国連が運営する学校や施設が、一九〇カ所（全体の七〇％）破壊されました。ガザにある学校の総数の三分の二が、完全または部分的に破壊されています。また、UNRWAの国連の職員が二〇五人も殺されました。歴史上、国連職員がこれほど殺される紛争ははじめてです。地元の記者組合によると、二〇二四年八月三〇日の時点でジャーナリスト一七〇人が殺害されていて（この数は、発表する組織や団体発表によって異なります）、これはガザにいるジャーナリストの一〇％に上ります。

イスラエルは、核兵器を保有し、技術的に最先端の軍隊を持ちます。さらに、他国から巨額の資金援助を受けています。なのに、自らを消滅の危機に瀕した被害者として描きます。現代のイスラエルはホロコースト時代のユダヤ人とは大きく異なります。イスラエルのハスバラは、パレスチナに対する占領政策への批判をかわすために過去の苦しみを利用し、自らの「絶滅の恐怖」を訴えています。一方のハマスは、限られた資金と資源を元に自家製ロケットを作るようなゲリラ組織であり、外部からの支援も限定的なものとなっています。

以下は、よく耳にするハスバラの例です。今後、みなさんも耳にすることがあるかもしれません。

- ハマスはIS（イスラム国）と同じ。
- 二〇二三年一〇月七日は、ホロコースト以来最悪のポグロム（破壊）。
- イスラエルは自衛している（筆者注：しかし、占領者としての自衛権はなく、国際法では占領された側に自衛権があります）。
- パレスチナ人は、我々イスラエルのユダヤ人を排除しようとしている。
- ガザ攻撃の主な目的は、人質を解放すること。
- 我々は被害を最小限にしようとしている。
- イスラエル軍は世界でもっとも人道的な軍隊である。
- イスラエルは中東で唯一の民主主義国家である。
- ハマスは犠牲者数について嘘をついている。
- 我々は国連やNGOによる支援を許可しているが、ハマスがそれを止めたり、物資を盗んだりしている。

こうした五つのフィルターは、親イスラエルの物語と西洋の政治的・経済的利益のためのメディア環境を形作ってきました。パレスチナの視点や彼らが直面する深刻な人権侵害をあえて軽視し、無視してきました。メディアの責任は、こうしたイスラエル発の歪んだ物語に疑問を持たず、多くの場合は意図的に協力してきたことにあります。その結果、パレスチナ人が置かれた複雑な状況や過酷な経験に関する報道が最小限に抑えられ、無視され、占領者であるイスラエルの一面的な物語が優先されて報じられています。

西洋メディアは、シオニズムと、パレスチナ人に対するジェノサイドを、世界に受け入れさせる報道の背後に存在する推進力であり、無数のパレスチナ人の殺戮に加担しているのです。

（二〇二四年九月八日）

もうひとつのパレスチナ
自治区・ヨルダン川西岸

綿井健陽

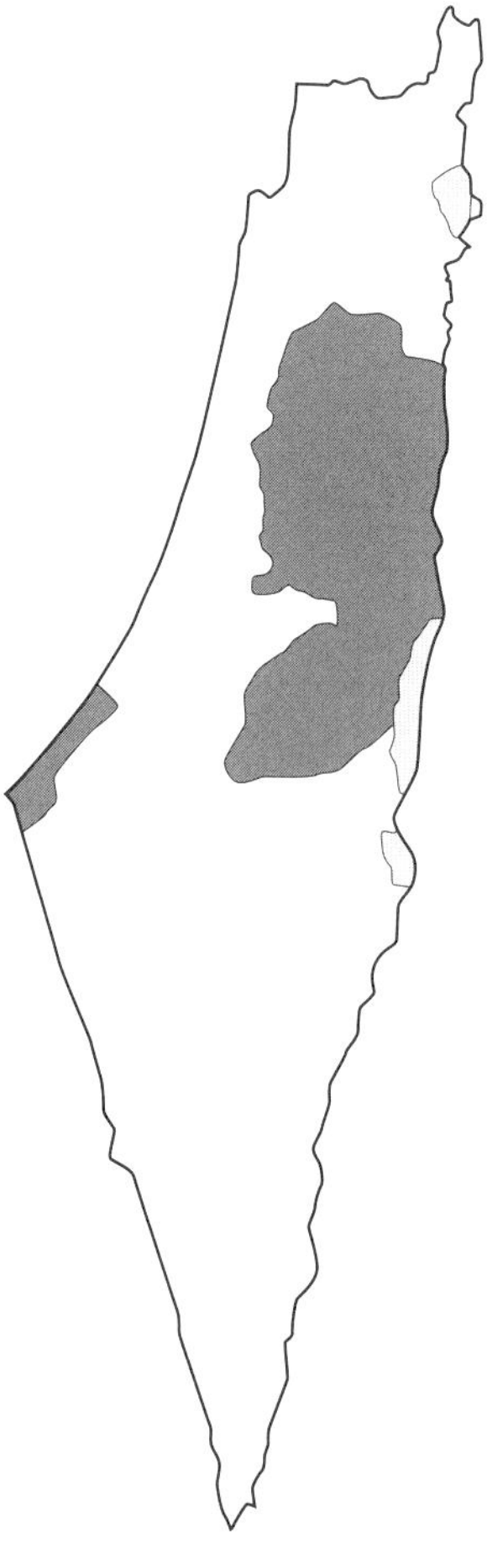

綿井健陽（わたい・たけはる）

ジャーナリスト・映画監督。一九七一年大阪府生まれ。日本大学芸術学部放送学科卒業後、一九九八年からフリージャーナリスト集団「アジアプレス・インターナショナル」に参加。東ティモール独立紛争、米国同時多発テロ事件後のアフガニスタンやイラク戦争など、世界の紛争・戦争地域を取材、ニュースリポートやドキュメンタリー番組・映画を制作している。イラク戦争報道では、二〇〇四年「ボーン・上田国際記者賞」特別賞、「ギャラクシー賞」報道活動部門・優秀賞などを受賞。ドキュメンタリー映画『Ｌｉｔｔｌｅ Ｂｉｒｄｓ イラク戦火の家族たち』、『イラク チグリスに浮かぶ平和』を監督。二〇二二年以降は、ウクライナ、パレスチナ、イスラエルを取材。著書に『リトルバーズ　戦火のバグダッドから』（晶文社）など。

自分は何をすべきなのか

二〇二三年一〇月七日、日本時間で午後三時ごろのことだった。自宅でX（＝旧ツイッター）のタイムラインを何気にスクロールしていると、中東のメディアが「ブレイキング・ニュース」（速報）を断続的に流している。パレスチナとイスラエルの間で起きている紛争に関する中東からの速報自体は、それまで見慣れた光景だったが、この日は様相がまったく違った。恒常的に繰り返されてきた「イスラエル軍がパレスチナ人を殺害」というものではなく、その逆だったからだ。しかも、過去一度も見たことのない大規模な、イスラム組織「ハマス」による攻撃だった。

私は慌てて、所属するアジアプレスのメンバー・古居みずえに電話をした。古居は三〇年以上に渡ってパレスチナを取材・撮影、近年はドキュメンタリー映画を制作している。古居は、電話をした時点ですでに「これからイスラエルの大報復が始まる」と予測していた。その後もfacebookを使って、私は彼女に以下のようなメッセージを送った。

「これまでとはレベルが違う様相。ハマス戦闘員がパラグライダーでガザ地区の壁を越えてイスラエル側の街に入って、襲撃している。彼らがイスラエル側の民間人まで殺傷している」

「イスラエル政府、ガザ地区への地上侵攻開始を承認」

「イスラエル、一九七三年の第四次中東戦争以来となる宣戦布告を可決」

「国内外のマスメディアがイスラエル側の話ばかりなので、ガザ地区の市民の話をぜひ。ここは長年パレスチナを取材している日本人が、いま発信すべき時です。ぜひ個人ツイッターでも発信してください」

古居の他にも、日本ではパレスチナを長期取材している報道関係者はフリーランスに限らず、新聞やテレビでも数多い。メディア以外でも、人道支援団体スタッフや大学教授など、パレスチナと関わりの深い日本人は、ベテランから若手まで多方面に渡っている。この重大事態に対して、まずはそうした人たちがSNSでも何でも、特にパレスチナに関する情報をいま発信すべきだと私は思った。

その後、イスラエル軍によるガザ地区への大規模な空爆や地上侵攻が本格化していった。しかも、それは短期間の報復ではなく、想像を絶する激しさで、かつ長期化が見込まれる大攻撃だった。テレビやネットで流れるパレスチナとイスラエルからのニュースを毎日追いかける中で、私自身もだんだん、「自分はこの重大事態に対して、何をすべきなのか」と思い悩むようになった。

戦争報道で伝えるべきものは何か

今から三〇年前の一九九四年三月、私は大学の卒業式を終えた直後にエルサレムに入り、それからガザ地区とヨルダン川西岸地区を訪れた。名刺はもちろん、記者証も何もない身分だ。当時のガザ地区は、外国人でもパスポートがあれば自由に行き来できた。イスラエル軍キャンプやユダヤ人入植地も、まだガザ地区に多く残っていた時代だ。一方で、イスラエル軍兵士とパレスチナ人たちが、同地区の路上で親しげに話を交わしている光景を何度も見かけた。

三〇年前といえば、前年（一九九三年）にイスラエルとパレスチナとの間で「オスロ合意」が交わされた時期だ。互いの存在の正当性を承認し、将来はパレスチナ国家とイスラエルが共存するという「二国家共存」の方向性が提示された。当時は「歴史的な和平合意」と呼ばれたが、あれから三〇年、もはや和平どころか、泥沼の殺戮と戦闘状態の中で、「オスロ合意」は完全に幻影と化している。

オスロ合意からの三〇年間、二〇〇三年のイラク戦争をはじめ、中東地域の各国を私は取材で訪れた。しかし、パレスチナとイスラエルだけは意識的に避けてきた感がある。取材経験が豊富な日本人のベテランから若手まで、多数の報道関係者がガザ地区を含めたそれらの地域を何度も訪れている様子を見て、自分がそこに途中から加わることに気後れしていた。

そして、長い空白の後、ガザ地区に入ることや現地取材をすることがこれほど困難になるとは、想像もしなかった。たとえば、ウクライナ取材はロシア軍占領地域に近い東部や南部も含めて、鉄道・バス・車などを使ってほとんどの地域に近づくことができた。ウクライナ軍の従軍取材も可能だ。よって、二〇二二年二月のロシア軍侵攻以降、日本からも多くの報道関係者が断続的にウクライナ各地に入っている。

ところが、パレスチナのガザ地区に関しては、二〇二三年一〇月七日のハマスによる大規模な攻撃以降、イスラエル政府はガザ地区に報道関係者が入ることを厳しく制限している。これまで、イスラエル軍に従軍するかたちで、欧米の大手メディアのいくつかと、日本では共同通信と読売新聞の記者が同年一二月にガザ地区に入っただけだ。ただし、この従軍取材の条件は、テレビメディアは放送前にすべての映像素材を同軍側に提出することと、同軍がそれらを事前試写することだった。同軍による「検閲」が前提の従軍取材の他には、同年一二月にCNNのクラリッサ・ウォード記者が独自のルート（アラブ首長国連邦の医療チームに同行取材）でガザ地区に入った最初の海外ジャーナリストとなった。

しかし、それ以降はCNNも含めて、すべての報道機関の取材がイスラエル軍によってシャットアウトされている。かろうじて、アルジャジーラなどの中東メディアと海外メディアのパレスチナ人スタッフや通信員が、ガザ地区で取材を続けることができている。その他は、食料や医療支援でガザ地区に入っている国連の諸機関や国際赤十字、大手人道支援団体などのスタッフと、ネット回線を使って対話するのが精一杯だ。これが現在のガザ地区からもたらされる戦場報道の実情だ。そして、ガザ地区の住民がスマホで撮影した映像が、ネット上で毎日流れてくる中で、ガザ地区のパレスチナ人ジャーナリストが一〇〇人以上も、イスラエル軍の空爆や攻撃で殺害されている。

戦争や戦乱の報道は、基本的に遺体や肉片、血、内蔵、銃声、轟音、恐怖など、人間の心身にかかわることを徹底的に伝えなければならないと私は考えている。そのためには、自分の心身もできるかぎり現場に寄せて、自らの五感を使って現場の息吹を体感しなければ、他の人に伝えられない。スマホで自撮りした映像やZOOMなどのリモート映像、防犯カメラ映像、衛星写真、兵士の頭に付けた小型カメラ映像……。いまや常態化したそれらを利用する間接的な取材は、私自身はやりたくない。絶対的に安全な場所から伝える映像や写真は、自分の戦争報道ではないと考えている。

ベトナム戦争取材で活躍したカメラマンの沢田教一。彼の没後五〇年を記念するドキュメンタリー映画の上映とシンポジウムが、二〇二〇年に東京都内で行われ、私も参加した。一九七〇年代に新聞やテレビに関わった人たちが、まるで同窓会のような気分で集まる姿を見て、ある新聞社のカメラマンは私にこう言い放った。「いつまでベトナム戦争の話をしているんだ。いま起きている戦争を伝えなきゃダメじゃないか」。私は、「ホントにそうですよね」と同意しつつも、いま何を取材しているのか、何を伝えているのかと、私自身に問われたような気がした。

ヨルダン川西岸地区でも日常的にパレスチナ人が殺される

二〇二二年三月中旬、ロシア軍が侵攻して三週間が過ぎたころ、私はウクライナ取材に向かった。ウクライナで戦争が「いま」起きているのだから、ウクライナ取材には「いま」行かねばならない。人、モノ、そして現場……。その映像や写真は、いましか撮れないものがある。後から訪ねても間に合わない。いま伝えなければならない報道がある。パレスチナとイスラエルも同じだろう。ガザ地区に入れない状況であっても、できるだけ近い地域に入って、パレスチナ人とイスラエル人の「いま」を取材することを私は決意した。

二〇二四年二月一六日、イスラエルのテルアビブにあるベン・グリオン国際空港からエルサレムを経由して、三〇年ぶりにパレスチナ政府が自治するヨルダン川西岸地区に入った。同地区は、人口約三八〇万人のうち、ユダヤ人入植者が二割を占める。だが、その人口の割合以上に現地で目立ったのがイスラエル国旗だ。ユダヤ人入植地の周辺はもちろんのこと、幹線道路沿いにも掲げられている。二〇二三年一〇月七日のハマスによる襲撃以降は、道路封鎖が相次ぎ、イスラエル軍兵士による監視が強まった。よって、パレスチナ人がエルサレム側に入ることも困難だ。パレスチナ人に対する心理的・経済的な「封鎖」「監視」「警戒」の状態が、イスラエル側によって強められている。

二〇二二年と二三年のウクライナでの取材現場では、ロシア兵を直接見ることはなかった。しかし、ヨルダン川西岸地区ではパレスチナ人に「敵対している兵士」が間近にいる。しかも、その兵士たちはいつでもどこでも、いわば合法的にパレスチナ人に対して銃撃・拘束・殺害ができるような立場だ。その緊張感や恐怖心がパレスチナ人の日常を重く覆う。

ガザ地区への激しい空爆と破壊のみならず、ここヨルダン川西岸地区でも、イスラエル軍によるパレスチナ人への銃撃・拘束・殺害が相次いでいる。およそパレスチナ人による自治にはほど遠い、イスラエルの暴力行為と存在感が、ガザ地区と同様、ヨルダン川西岸地区でも常に張り巡らされている。イスラエル軍の兵士のみならず、ユダヤ人入植者による暴力行為もあとを絶たない。彼らによるパレスチナ人民家への放火・破壊・暴力事件が繰り返されても、イスラエル軍兵士は見て見ぬふりをするだけで何もしない。イスラエル軍兵士の保護の下で、ユダヤ人入植者による暴力行為が行われているといっても過言ではない。同地区ラマラ在住のパレスチナ人のガッサン（三七）は言う。

「イスラエル軍兵士もユダヤ人入植者も、基本的に違いはない。彼らは私たちパレスチナ人を、人間として見ていない」

イスラエル軍兵士の狙撃で殺害された弟ナビールさんの血を見つめる姉アンガムさん（20歳＝写真左）と親族（ヨルダン川西岸地区トルカレムで。2024年2月19日撮影）

ヨルダン川西岸地区の北部トルカレムでは、武装組織が潜んでいると見なした場所に対するイスラエル軍の急襲が何度も起きていた。二〇二四年二月一八日夜、自宅の屋上にいた大学生ナビール・アーメル（一九）の頭部を、イスラエル兵が放った銃弾が貫通した。兄のイハブ（三〇歳）は、「ナビールは武器とは無縁の市民だった。彼が屋上から頭を出して下を見ただけで、イスラエル兵は路上から狙撃した」という。乱射ではなく、青年の頭部を狙った銃撃だった。屋上には彼の頭から出た血をぬぐったタオルが、そのまま残されていた。

問われる日本政府の姿勢

夜から早朝にかけて頻繁に行われるイスラエル軍の軍事作戦は、苛烈を極める。その様子を見にいっただけで、パレスチナ人は容易に殺害される。そして、たとえ殺害されなくても、拘束や逮捕が待ち受けている。同地区ベツレヘム在住のモハンマド・ファウジ（四九）は、一四歳の時にイスラエル軍に拘束されてから現在までに、合計七年間も刑務所で拘留されてきた。イスラエル人の看守から受けた拘束中の暴行によって、歯がほとんどない。

刑務所での一日三回の点呼では、床にひざをつき、頭も床につけ、両手を頭の上にのせる。看守は、彼の頭を靴で踏んだまま、名前を尋ねるのだという。夜は大きな音で音楽が流され続け、照明は朝まで点けたままという拘留生活が続く。「身体的な暴力だけでない。イスラエルは私たちパレスチナ人の尊厳を標的にしている」とモハンマドは語る。二〇二三年一〇月七日以降、ヨルダン川西岸地区では、五〇〇人以上のパレスチナ人が殺害され、九〇〇〇人以上が拘束されている（二〇二四年七月一四日現在）。

同地区中部ナブルス近郊の町ハウラでたびたび起きる入植者による放火事件では、現場にいても何もしない多数のイスラエル兵が防犯カメラに映っていた。捜査したイスラエル警察は、その映像を削除しようとしたという。

ハウラのジハード副町長（五六）は「（イスラム組織）ハマスの襲撃が起きた一〇月七日からこの状態が始まったわけではない。入植者によるパレスチナ人への襲撃はずっと起きていた」と話す。

ガザで人道支援の柱として活動する国連パレスチナ難民救済事業機関（ＵＮＲＷＡ）職員の一部がハマスの奇襲に関与した疑いが生じ、日米欧など一五カ国以上が資金拠出の一時停止を表明した。副町長は日本政府の姿勢について、「なぜ同調したのか。国際政策において独立・公正であるべきだ」と批判した。その後、日本政府はＵＮＲＷＡへの資金拠出を再開したが、パレスチナ人の日本政府に対する視線は常に厳しいものがある。

親日的なアラブ人を、中東地域でこれまで何度も目にしてきた。イスラエルの後ろ盾である米国と過去には戦火を交え、広島・長崎に原爆を投下された日本の歴史に、彼らは自らを重ねているようだった。だが、二〇〇三年に米国主導のイラク戦争を日本は支持した。また、ＵＮＲＷＡへの資金拠出を一時停止したことについて、米国に追従したことに対する日本への批判は、当然の帰結なのかもしれない。

ガザ地区は徹底的に破壊されている

二〇二四年二月二一日、ヨルダン川西岸地区を離れて、ガザ地区の境界に近いイスラエル南部のレイムに向かった。ハマスが襲撃した音楽祭の場所であるこの地には、亡くなった人たちの遺影とイスラエル国旗が立ち並ぶ。追悼に訪れる人たちは国内外から絶えない。

エルサレム在住のユダヤ人、ダビド（五三）は「（ガザ地区で）パレスチナ人が空爆で殺されようと、関心はない。ユダヤ人へのこのようなテロが、二度と起きないように報復している。パレスチナ人がこの地にいる限り、戦争に終わりはないだろう」と語る。

ガザ地区において多くのパレスチナ人が犠牲になっていること対して、英語で「I don't care」と答えるユダヤ人と、私は何人も出会った。「関心がない」というレベルではなく、もはや「知ったことではない」「何とも思わない」と訳するのが適しているのかもしれない。パレスチナ人に対する「関心」も「痛み」も、ユダヤ人である彼らの中から消えている。

ガザ地区との境界から約二キロメートル離れた丘に登ると、ガザの北部の様子が見える。そこではイスラエル兵の数人が、ガザの方向を背景に誇らしげな表情でスマホを使って自撮りをしていた。ごう音と共に空爆の煙が見えたが、人の姿は見えない。望遠レンズの向こうに、破壊された建物や家屋が横に広く並んでいた。これまで取材したアフガニスタンでも、イラクでも、ウクライナでも、空爆は繰り返された。しかし、これほど広範囲に、一様に、短期間で、徹底的に破壊された光景は見たことがない。

近くまで来ていながら、ガザの戦場は想像以上に遠く感じる。イスラエル人からもまた、ガザで暮らしているパレスチナ人の姿は遠い。いや、見ようとすらしていない。ガザの住民やパレスチナ人ジャーナリストが撮影した殺戮の映像が刻々とネットで流れている一方で、近くまでいけても、現場には入れず、見ることができない。人々の肉声が直接聞こえない。こんな戦争は、私が知る限りにおいて類を見ない。

爆弾の破片

私は、一九九七年から紛争・戦争地域の取材を始めた。また、戦争での大規模な空爆は、これまで何度か取材した。二〇〇一年に発生した米国同時多発テロ事件後の米軍によるアフガニスタン空爆、

10月7日のハマスによる襲撃現場で亡くなった人たちを追悼するイスラエル軍女性兵士（イスラエル中部で。2024年2月21日撮影）

〇三年のイラク戦争での米英軍による空爆、ウクライナでのロシア軍による空爆……。空からの爆撃にさらされる街で取材しながら、最も恐れていたことは、爆弾の破片が自身の身体に突き刺さることだった。

空爆の恐怖や被害は、ミサイルや砲弾が直撃することだけではない。無数の爆弾の破片が、周囲に無差別に飛び散る。「精密誘導爆弾」や「ピンポイント爆撃」などと、いかにも標的以外に危害を及ぼさないような名称がつけられていても、破片の飛び散り方には誘導もピンポイントもない。その小さな、ほんの小さな破片が、頭に突き刺さり、内臓をえぐり、四肢を奪い、目を潰す。空爆で破壊された鉄やコンクリート、窓ガラスなどの破片も含めて、人間の身体は、その小さな破片の威力をもって、もろくも死亡に至ることに、私は現場で何度もおののいた。

体験した空爆の中でも、二〇〇六年に起きたイスラエル軍によるレバノン攻撃は、最も恐怖を感じた。イスラエル軍による空爆は、「空から爆弾を落とす」というレベルではなく、空から狙撃手が標的を定めて、人間を次々と抹殺していくような手段の殺戮だ。同年七月、イスラム教シーア派組織「ヒズボラ」によるイスラエル軍兵士の拘束をきっかけに、イスラエルは大規模な報復空爆をレバノン一帯に開始した。首都ベイルート市内の廃墟となった通りを歩いていた女性は、怒りに満ちた声を上げた。

「これまで何千人ものレバノン人がイスラエル軍に拘束されてきたじゃないか。もし私があなたの顔をたたいたら、あなたは私の家族すべてを殺すのか?」

レバノンに限ったことではない。イスラエルとパレスチナの間にも、圧倒的で「非対称」な関係性と歴史が横たわる。イスラエルはパレスチナに対して、占領と暴力を恒常的に繰り返してきた。占領する側が長年に渡って続けている国家的暴力と、占領される側の武装組織が怒りを爆発させた暴力を、「武力衝突」「憎悪の連鎖」などという両者を並列した言葉で簡単には表現できない。

ガザ虐殺を止めるために

二〇二三年一〇月七日のハマスによる大規模な襲撃以降、海外メディアは「イスラエルとハマスの戦争」(CNN)、「イスラエルとガザの戦争」(BBC)などという表記をニュースの項目として使っている。日本の新聞では、「イスラエル・パレスチナ問題」や「イスラエル・ガザ情勢」が多い。一方、中東のアルジャジーラ（英語放送）は、「ガザ虐殺」と「ガザでの戦争」を併用している。

ハマスによる襲撃は、「イスラエルにとっての9・11」と多くのメディアで語られた。しかし、襲撃の前日まで、イスラエルはパレスチナ人に対して何をしてきたのか。襲撃の翌日以降に、イスラエルによるどのような暴力がパレスチナに対して続いているのか。

イスラエルとパレスチナの戦争が、ハマスの襲撃を契機に突然始まったわけではない。これまでイスラエルがパレスチナに対して行ってきたこと、そしていまガザ地区で行っていることは、「報復」や「自衛権行使」を遥かに超えた、大虐殺、ジェノサイド、公開処刑、集団リンチ、国家テロ……、どんな言葉で形容しても追いつかないほどの殺戮だ。イスラエル軍地上部隊のガザ地区侵攻からの九カ月間が経過したものの、ハマスが連れ去ったイスラエル人の人質も含めて、多くの犠牲者が出るだけであり、問題の解決には至っていない。

ガザ地区で暮らすパレスチナ人、イスラエルのユダヤ人、拘束されている人質たち。これらすべての人々の安全を確保するためには、まずイスラエルが空爆と攻撃を止める必要がある。そうしない限り、双方の死傷者が積み重なるだけであろう。

ガザ地区を覆うフェンスと壁に閉じこめられたパレスチナ人の生殺与奪を、イスラエルが握っているという不条理と理不尽。そこに空から爆撃と破壊を行い、瓦礫と廃墟になっていく街。ガザのパレスチナ人たちは、そこで生きてきて、いまも生きている。そこで暮らしてきて、いまも暮らしている。そこで殺されてきて、いまも殺されている。このままでは、ガザ地区からパレスチナ人が消し去られる。パレスチナ人の尊厳と生命と安全を脅かす行為に対して、どのようなかたちであれ、「終止符」を打たなければならない。一刻も早く、国際社会は仲裁を、交渉を、そして停戦を。

（二〇二四年七月二五日）

本文敬称略

本稿は、二〇二三年一〇月と二四年三月に共同通信から全国の加盟紙に配信した原稿、「週刊読書人」二〇二四年三月一日号に掲載した原稿に、それぞれ大幅に加筆したものです。

III

パレスチナで生きることの意味

ガザの女性たち

藤屋リカ

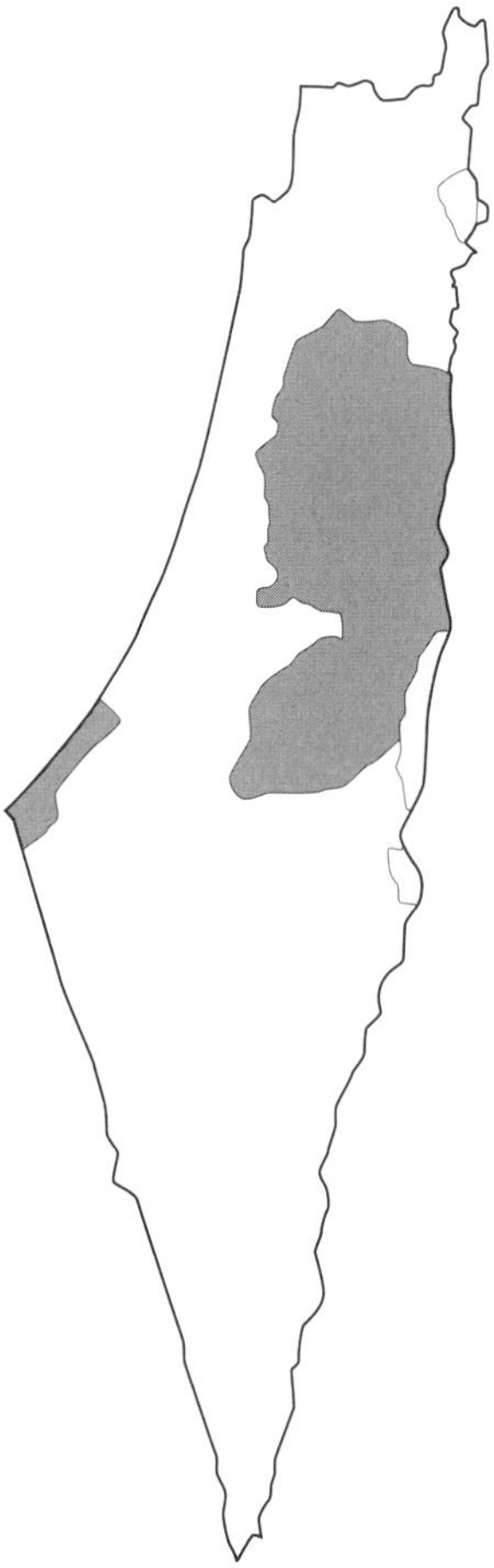

藤屋リカ（ふじや・りか）

一九六七年、山口県生まれ。看護師・保健師。広島市役所保健師、パレスチナでの母子保健活動、日本国際ボランティアセンター（ＪＶＣ）パレスチナ事業担当を経て、慶應義塾大学看護医療学部／大学院健康マネジメント研究科准教授。専門は国際保健学。主な論考に、「生と性の間はざまで――保健師としてのパレスチナ人女性への聞き取りから」（長沢栄治監修・鳥山純子編著『フィールド経験からの語り』明石書店）、「日本の医療支援――パレスチナに根づいた支援」「変遷する障害者福祉――誰も置き去りにしない社会に向けて」（臼杵陽・鈴木啓之編著『パレスチナを知るための60章』明石書店）。

生き続ける人々

二〇二三年一〇月七日以降、ガザの状況は悪化し続けてる。二〇二四年八月時点で死亡者の数は四万人を超えた。同時に、二〇二四年三月時点の国連児童基金（ＵＮＩＣＥＦ）の推計では、前年一〇月以降、ガザ地区で生まれた赤ちゃんの数は二万五〇〇〇人以上で、八分に一人の赤ちゃんが生まれていることになる。悲惨な状況のなか、約二二〇万人の人々は生き続けている。

私は一九九五年からＮＧＯ職員としてパレスチナで保健分野を中心とした様々なプロジェクトに携わってきた。二〇〇四年から二〇〇六年のあいだは、パレスチナ事業の現地担当としてガザ地区での子どもの栄養改善に関わり、状況が許すときは週の約半分はガザに滞在してプロジェクトの運営に当たった。二〇〇九年から二〇一一年三月のあいだは、東京事務所でパレスチナ事業を担当し、現地には年に三回程度は赴いていた。二〇〇二年以降は、ガザ地区での紛争に伴う危機的な状況への対応としての緊急人道支援に、ほぼ二年おきに携わった。二〇二三年一〇月から続く状況に比べれば、当時の破壊規模は小さいかもしれない。しかし、ガザの悲劇は私が関わりはじめた当初から続いている。

そのような活動の中、ガザ地区で生きる女性たちに出会った。そして彼女たちからは、困難に屈することなく、尊厳を持ち続けながら生きることの大切さを学んだ。今、現地で生き続けている女性たちも、おそらく同じ思いでいることであろう。

伝統的なパンを焼く——難民キャンプの台所で焼かれる伝統的な窯焼き平パン

ガザ地区の住民の七割以上は、パレスチナ難民、すなわち一九四八年の第一次中東戦争（ナクバ）によって、現在イスラエル領になっている村々を追われた人々とその子孫である。私の仕事は、子どもの栄養支援に関わるものであったので、家庭訪問での栄養指導の時などは、台所にまで入りこんで話を聞かせてもらうこともあった。結果として、難民キャンプでの家庭訪問時には、各家庭の台所事情から多くのことを学んだ。

パレスチナでは、大きめの平鍋二個を二枚貝のように重ねた形のアルミ製の簡易オーブンがよく使われる。鍋の上下に電熱線が張り巡らされていて、取り外せる鉄板が真ん中にあり、そこにパン、ピザ、ケーキ、クッキーなどを置いて焼いたり、野菜を丸焼きにしたり、グラタンを焼いたりもできる。簡易オーブンの底には足がついていて、台所の床に置いて使うことが多い。

ある難民キャンプの女性宅では、子どもの握りこぶしぐらいの石が簡易オーブンの下面いっぱいに詰められていた。その家のおばあさんは、毎朝、パン生地をこねて寝かす。一枚分の量にわけ、丸めて発酵させ、鍋よりも一回り小さいぐらいになるように生地を伸ばす。オーブンの電源をいれて石を熱し、その石の上にパン生地を置いて、蓋を閉め、パンを焼いていた。焼きあがった平焼きのパンは、ごつごつした窪みのある丸い形で、まさにパレスチナの農村で食べられている伝統的なパン、「ホブス・タブーン」だった。ホブスは平焼きパン、タブーンは粘土でできた伝統的な窯（かま）を意味する。

私は、一九九〇年代の後半、ヨルダン川西岸地区の南部ヘブロン地区のイドナ村で、NGOスタッフとして母子保健プロジェクトに携わっていた。イドナ村は、一九九九年一〇月からのわずかな期間、オスロ合意に基づき開通した安全通路——ガザ地区とヨルダン川西岸地区のあいだ——の、ヨルダン川西岸地区の入口であるタルクミア検問所の南側に位置する。村の東側はイスラエルとの境界線で、そこからガザ地区までは四〇キロメートル程度と近い。

イドナ村での私たちの具体的な仕事は、家庭訪問による母子保健を中心とした調査の実施と、健康教育や保健医療サービスにアクセスするためのサポートなどだった。パレスチナ人看護師と共にプロジェクトに取り組んだ。村の中心部まで乗り合いタクシーで移動し、そこから徒歩で村へ向かう。一日五～一〇軒を訪問していた。

村には、共同で使っている、粘土でできた調理用の窯「タブーン」があった。女性たちは、自分の家でパン生地をこねてそのパン生地を丸めてタライに入れ、タライを頭に載せてタブーンに向かい、その日家族が食べる分のパンを焼く。タブーンの下側には、石が敷き詰められていて、熱々の石の上に平たく伸ばしたパン生地を載せて、一気に焼き上げる。そして、焼き上がったパンをタライに入れ、頭の上に載せて、自宅に戻っていく。村の朝の風景だった。

村で人とすれ違う時は、挨拶をするのが当たり前。村の中を歩いている私たちは、以前、家庭訪問した女性から、焼き立てパンを勧められることもあった。一枚一枚が大きなパンなので、一口大にちぎってもらい、その場で頬張った。石の上で焼いたパンは香ばしく、麦の甘味が引き出されていて、とてもおいしかった。

ガザ地区の難民キャンプのコンクリート打ちっぱなしの台所で、アルミ製で電気を熱源とした簡易オーブンを使って、パレスチナの農村と同じように石を使ってパンを焼くおばあさんの姿に心を打たれたことを思いだす。パレスチナの農村の日常がそこにはあった。簡易オーブンであれば、石など入れなくても平型パンは十分に焼けるし、近所にはパン屋もある。それでもおばあさんは、六〇年以上帰ることができない故郷の村のタブーンで焼いていたのと同じような方法で、毎朝、家族のためにパンを焼き続ける。日々の生活の中に、静かに強く、アイデンティティを刻み込んでいるようだった。

一九四〇年代、パレスチナ人の多くは農民だった。麦はもっとも大切な農作物の一つで、毎日の食卓に並ぶ麦から作るパンは、農民の象徴でもある、という話をしてくれた女性もいた。

あるネットニュースによると、ガザ地区南部のハンユニスではガスの供給が著しく制限されているため、ガス器具に取って代わる伝統的な調理設備である「タブーン」の需要が高まっているという（「ガザ、伝統的なオーブンに需要　ガス不足で」ＡＦＰＢＢニュース、二〇一三年一一月一三日付）。粘土で作られるタブーンの販売価格は約二五ドル（約三八〇〇円）とのことであった。この記事を読んで、約二〇年前に難民キャンプで出会った、台所で石焼きパンを焼き続けるおばあさんのことを思いだした。伝統的な調理設備に需要が出たのは、けっして危機的な状況だけではないのではないかと感じる。パレスチナの人々が培ってきた知恵と誇りであるタブーンが、少し形を変えて難民キャンプでも使われてきたのだから。おそらく、今を生き延びる術としてハンユニスで利用されているのだろう。

地元への誇り——良いものだからパレスチナ製品を使いたい

一九九三年にオスロ合意が交わされ、パレスチナにおいて暫定自治が始まったが、二〇〇〇年夏の和平交渉が決裂する中、二〇〇〇年九月二八日に第二次インティファーダが勃発した。イスラエルによるパレスチナに対しての経済および移動の封鎖は非常に厳しくなった。一九九九年には三五〇〇ドルだったパレスチナの一人当たり国民総所得は、二〇〇二年には二三〇〇ドルまで減少した。ガザ地区の失業率は七割を超えたともいわれた。さらに、二〇〇二年から二〇〇七年の間にもガザ地区へのイスラエル軍による度重なる軍事侵攻や空爆があった。

二〇〇二年にジョンズホプキンス大学が中心となって実施した栄養調査では、ガザ地区の五歳未満の子どもの栄養不良が指摘された。一七%の子どもが慢性栄養不良、一三%が急性栄養不良、一九%は貧血症であり、緊急対応が必要な状況だった。

当時、私は日本国際ボランティアセンター（JVC）の一員として活動していた。JVCは米国のNGOなどと共同で、ガザの子どもたちの栄養改善プロジェクトを開始した。ヨルダン川西岸地区で生産した長期保存可能な牛乳と鉄分強化ビスケットを、ガザ地区の幼稚園の子どもたちに配給した。パレスチナで生産された製品を使うことが重要だった。パレスチナでは小学校に入学する前の一年間は幼稚園に通わせる習慣があり、貧困家庭の子どもは無料で通える幼稚園もある。配給する幼稚園の選定を的確にすることで、もっとも栄養状況が厳しい子どもたちに届くようプロジェクトを運営した。

プロジェクト責任者のパレスチナ人女性は、薬剤師の資格を持ち病院で働いた経験もあり、子どもの健康や栄養についてくわしく、勉強熱心だった。若いコーディネーターの女性たち（彼女たちもパレスチナ人）が、各幼稚園を担当していたのだが、責任者の彼女は率先して幼稚園に出向いた。子どもたちを抱き上げ、一人ひとりに「しっかり牛乳を飲んでね」と優しく声をかけ、幼稚園の先生たちにも具体的な栄養指導をしていた。

「このプロジェクトを担当するようになって、パレスチナ産品を使うことの大切さを痛感するようになりました。私たちパレスチナ人は、パレスチナ人としての誇りを持っています。しかし、日々の生活では、安さと便利さで購買行動を決めてしまっています。パレスチナ産品ということを意識して、自分たちが買うものを決めていかなければならないのです。自信を持ってパレスチナ製品を使い、プレゼントにも使っていきたいのです。ガザには何千年にもわたる歴史があり、今の人々には豊かな日常生活もあるのです。あなたには、ぜひすばらしいガザを知ってほしい」

彼女はそのようなことを私に語った。プロジェクトメンバーの若い女性の婚約が決まった時、彼女と私は、婚約プレゼントを何にするかを真剣に考えた。第一の条件が、ガザ製品であること。そして、刺繍製品はすばらしいがあまりにも普通だ。よって、刺繍とは違うもので日常から使える伝統工芸品にしようということになった。ガザ地区北部にある「アトファルナ聾（ろう）学校」の社会参画と自立支援を目的とする職業訓練コースで製作された伝統工芸品が最適だろうという結論に至り、同校内のショップに出かけた。伝統刺繍の様々な製品はもちろん、織物、陶磁器、木工品などがショップ内に美しく陳列されている。私はガザの伝統工芸品の美しさに魅了された。迷いに迷った結果、アラベスク模様の木工の外枠に鏡をはめ込んだ、壁掛け鏡をプレゼントに選んだ。

その当時においてもガザ地区に出入りできる外国人は非常に限られ、外交官、国連職員、イスラエルからの許可を得た国際NGOスタッフ、当局から許可を得たジャーナリストぐらいだった。そんな状況の中でも、彼女は仕事が終わると外国人の私をガザのあらゆる場所に連れ出してくれた。ガザ市内のモスクや教会といった歴史的な宗教建造物を見学したり、美しい海岸沿いをドライブしたり。ガザで一番人気のアイスクリーム屋で舌鼓を打ち、大型スーパーマーケットに出かけてパレスチナ製品がどれ

コーディネーターと幼稚園の先生たち向けの栄養教室。このあと、彼女たちが幼稚園で同様の栄養教室を開催する（2005 年に撮影）

だけあるか「調査」に励んだこともあった。

彼女は、もともとガザ市の中心部に住むパレスチナ人で、ガザ地区の名家の出身だった。エジプトの大学で薬学を学び、ガザに戻ってきた。彼女の一族が住む地域の近くにはキリスト教徒の居住地区があり、お互いの宗教のお祭りを共に祝うなど、家族のように仲良くしてきたという。「私たちの社会は、難民を家族同様に受け入れ、キリスト教徒とは家族のように付き合ってきました。私たちの社会の真の姿は、寛容で多様性のあるものなのです」とよく語っていた。

二〇二四年七月二六日、国際連合教育科学文化機関（ＵＮＥＳＣＯ）の世界遺産委員会は、ガザ地区中部にある遺跡「タッル・ウンム・アーメル」——中東にあるキリスト教の修道院としてはもっとも古い時代の建造物とされる聖ヒラリオン修道院遺跡——を世界遺産に登録することを決めた。また、紛争が続く中、破壊の危機にさらされているとして、「危機遺産」にも指定された。

これらは、一五年以上前に彼女が連れて行ってくれたガザの名所である。四輪駆動の車で砂地を走り、タッル・ウンム・アーメルにたどり着いた。ビザンチン時代の美しいモザイクが印象的だった。世界遺産登録にあたっての報道によると、ガザの戦闘による遺跡への直接被害はないが、周辺が爆撃を受け、保存活動は中断しているとのことだった。

「すばらしいガザを知ってほしい」

「良いものだからパレスチナ製品を使う」

これら彼女のメッセージを、今一度、心に刻みたい。

自分に似合うものを着るのは誰しもが願うこと――デパートのバーゲン会場さながらの衣料品配給所

二〇〇四年五月、イスラエル軍はガザ地区ラファのエジプト国境で大規模軍事作戦を展開した。三〇〇〇人以上の人々が家を失った。「通常」の緊急支援では、支援団体が用意した物品などを配布する。しかし、ガザの子どもの栄養支援を実施しているNGOは違った。支援物資である衣料品の配給所を、デパートのバーゲン会場のように変えたのだ。

そのNGOの代表は私の友人で、ガザ地区中部の難民キャンプ出身。国際パレスチナ難民救済事業機関（UNRWA）の学校に通い、その後、地元の高校を卒業した。聡明で学力も高かった彼女は、奨学金を得てエジプトの大学で学び、卒業後はガザに戻ってNGOで働いた。流ちょうな英語を操り、国連機関や国際NGOとの交渉にも長けた優秀な女性だ。ガザ地区内でもっとも脆弱な人々のために献身的な活動を続け、緊急人道支援において、現場での支援の実施団体となることも多い。

生活用品等の緊急支援ということで国際NGOからの資金援助が決まり、張り切った口調で、彼女は新しいアイディアを私に説明してくれた。

「今回は衣料品の緊急支援です。衣服の配布ということだけならば、性別や年齢がわかれば、適当に準備することはできるかもしれません。しかし、それは人々が望んでいる方法なのでしょうか？

大切なのは人間としての尊厳です。誰もが、自分に似合って、着たいと思う服を手に入れられることは、人として当たり前のことでしょう。私たちは、それを可能にしたいのです。衣料品の問屋からありとあらゆる服を仕入れて、店と同じようにサイズや種類ごとに配給所で美しく並べるのです。もっとも支援を必要とする家族から整理券を渡して、その順番に配給所に来てもらい、家族の人数に合わせて、好きな服を選んでもらいましょう。子どもも一緒に来て選んでもかまいません。楽しい買い物と同じように。そのようにして選んだ衣服ならば、大切に着てくれるに違いないでしょう」

彼女は、そう話した後、配給予定日や場所を教えてくれた。

この前代未聞の「配給日」には、私たちも配給所に立ち寄った。斬新なアイディアで運営される配給所の様子を見せてもらうためだった。しかし、入り口では複数の警官が警備にあたっており、私たちが建物内に入れる様子ではない。話を聞くと、衣料品の配給のために、事前に整理券が配布されたものの、朝から人々が殺到して大騒動になり、警察が出動してきたそうだ。警官は、対象者を順番に会場に入れるなど、警備にあたることになったとのこと。やっと秩序を取り戻したところだったようだったので、私たちが出入りすることでさらなる混乱を招くことがないよう、残念ながらその場から立ち去った。

後日、代表である友人のところに、その時の衣料品の配給についての話を聞きにいった。彼女は、「とてもたいへんでした。しかし、すばらしい一日でした。子どもたちは、眼を輝かせて好きな服を選び、おとなも子どもも喜んで帰っていきました」と話した。

私は、当日配給所に行ったが建物内に入らなかったことを伝えた。そして、もう一度、このような「配給」をしたいかと彼女に聞いた。すると彼女は、「本当は、このような緊急支援など必要のない社会になるのが、一番必要なこと」と真剣に答えた。大混乱だった配給所のことやカオスなオペレーションへの反省ではなく、平和な社会が訪れるためにできることは何なのか。彼女の頭の中は、すでに次の段階にシフトしていた。

終わりに

私がガザの地に立ったのは二〇一五年が最後で、一〇年近くが過ぎようとしている。私が滞在していたころに比べて情報通信やSNSが発達し、対象が遠隔地であっても即時に個人からの情報が届く時代になった。私が教えている日本の大学生たちのほうが、ガザの人たちとつながっている。どんなに悲惨な状況が伝わってきても、私の脳裏によみがえってくるガザの女性たちは、パレスチナを愛し、ガザを愛し、人間味に溢れ、尊厳を持って生きようとしている姿なのだ。これは私の熱望なのかもしれない。同時に、その姿こそが、ガザの女性たちの本質であってほしい。そう信じたい。

ガザ滞在時には、現地の女性たちと共に食事をすることが多かった。食前のあいさつは、フォーマルな場では「ビスミッラー（神の名において）」で、みんなでそれを唱えてから食事を始める。女性たちが私を食事に招いてくれた時は、自慢料理が食卓に並んだところで、彼女たちは「サッハティーン」と笑顔で言う。もてなす側が声をかけるのだが、こちらは日本語の「召し上がれ」に相

ガザの海岸で海水浴を楽しむ人々（2004年に撮影）。

当する言葉だ。アラビア語の単語は、単数形、双数形、複数形によって構成されるのだが、単数形の「サッハ」は健康を意味し、「サッハティーン」は健康が二つということになる。「一緒に食べて、元気になろう！」というような意味なのだろう。愛情と思いやり、人間味に溢れた挨拶と共に、食事は始まる。

ガザの夏は暑い。国際報道では、連日、食料難に伴う子どもの栄養不良や感染症のまん延といった、人々が生きていくことそのものが困難を極めていることを伝えている。それでも、ガザの人々は生き続けている、生きていくしかないのだ。「存在することとは抵抗すること」とガザの友人は言っていた。ガザの女性たちは、ごくわずかな食べ物を目の前にした状態であっても、ビスミッラーと神に感謝し、サッハティーンと健康を願い、家族に食事を振舞い、生きることを支えているのだろう。

（二〇二四年八月一九日）

土地と共に生きる

――援農訪問を通じて――

土肥俊子

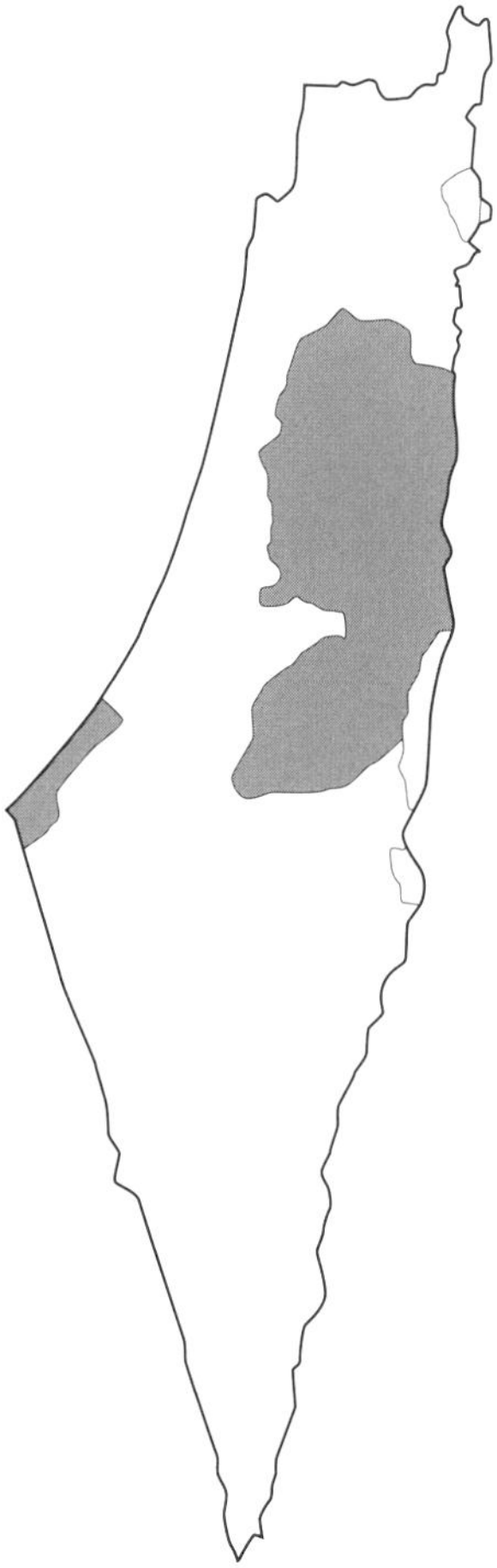

土肥俊子（どい・としこ）

パレスチナを八回訪問。趣味は放浪の旅と世界のネコ探し。食べ物の記憶だけは良いと言われている。今年ついに太陽の周囲を六〇周する記録を達成予定。アイデンティティの順番は、①地球人、②女、③母、④東アジア出身者、⑤標準語で三〇分以上喋れる関西人。障害者運動や婚外子差別、死刑廃止運動、などに関わる。「オリーブの会」のメンバー。人権関連NPO理事。

八回に及ぶパレスチナ訪問

寝床に入り目を閉じると、たわわに実ったオリーブの実が無数にゆらゆらと揺れているのが見える。その残像と共に強烈な太陽に焼かれた大地の匂いや、子どもたちの笑い声、唄い声、遠くのモスクから聞こえてくるアッザーン（礼拝時間を告げるお祈り）の響き、オリーブの樹が時折風に吹かれて起きる葉擦れの音も、記憶の中に浮かび上がる。この景色は私の脳裏に焼き付いて、数年の時間が経過しても褪(あ)せることがない。

休憩時間になると、そのあたりで集めてきた小枝を燃やして沸かしたコーヒーや紅茶が振る舞われ、しばし歓談の時間が始まる。夜は農家の家庭料理が振る舞われ（どの家庭料理もとても美味しい！）、パレスチナ料理の作り方を教えてもらったり、日本に関する質問が飛び交い、子どもたちに折り紙を教えたり、簡単なアラビア語の即席教室になったりもする。

私は長年の知人にパレスチナ自治区ヨルダン川西岸地区での援農のツアーに誘われたことをきっかけに、英語の通訳／現地とのコーディネーター役として二〇一三年一〇月に初めてパレスチナを訪れ、それ以降も含めて計七回の訪問を重ねてきた。それ以外に二〇代の頃に一度、家族とパレスチナ／イスラエルを訪れているため、それも入れるとパレスチナ訪問回数は通算八回となる。

「援農」とは、パレスチナの主要産業であるオリーブの収穫の時期である一〇月頃に現地を訪れ、農家の皆さんと一緒に働き、収穫のお手伝いをするボランティア活動のこと。ＥＵ圏を始めとする数多くの国際ボランティアが、毎年その時期になるとパレスチナにやって来る。「収穫のお手伝い」と書くと何だかのどかな活動のように聞こえるかもしれない。だが、(実際、のどかな部分も大きいとはいえ)そう言うイメージとはかけ離れた側面もある。それは我々ボランティアが赴くのは、主にイスラエル入植地との境界線にあるパレスチナ人のオリーブ畑だからである。境界線には分離壁が作られていて、パレスチナ農家は自分たちの土地であるにもかかわらず、普段は畑に近づくことができない。

秋のオリーブの収穫時期は、特別に立ち入りを「許可」される。だが、入植者や軍関係者による嫌がらせや暴力が絶えないため、私たち国際ボランティアが同行して一緒に収穫作業を行う。そうすれば、何かあった場合に国際社会の目が向けられることになるので、イスラエルによる過激な暴力行動への抑止効果があると考えられている。こう言ったタイプのボランティアのことを「human shield／ヒューマンシールド／人間の盾」と呼ぶこともある。

このパレスチナでの援農の旅は、文化、歴史、宗教、そして国際情勢に対する私の理解を深めてくれるものとなった。パレスチナで見たり聞いたり経験した多くのことを通じて、占領下のパレスチナでの暮らしがどれほど過酷か、その実態をいやというほど知らされた。と同時にイスラム文化の豊かさ、パレスチナの人々の粘り強い抵抗運動を知った。そして、占領者の直接目に見える暴力行為だけではなく、あの手この手を使った巧妙極まりない支配の手口まで学ぶ機会を持つことになった。

八回の旅の詳細をここで述べることは不可能だが、強く心に残った出会いや占領下に生きるパレ

家族総出のオリーブ収穫風景

スチナの人々の暮らしと現実について、ここでいくつか紹介したいと思う。なお、本稿で紹介する「パレスチナ」での出来事は、基本的にはヨルダン川西岸地区でのそれを示し、ガザ地区は含まれていないことをお断りしておく。

私たちのことを忘れないでくれ

「ここで見たことを今後、なるべく多くの人に伝えてほしい」

これは、パレスチナの人たちと話すたびに、何度もあちこちの人々から言われたことだ。「外国から来た人々は、ここに来て私たちの話を聞いて、満足して国に帰ってしまう。そして、二度と戻らないままパレスチナのことなど忘れてしまう」とも言う。こうした言葉が心に深く刺さり、結果として八回のパレスチナ訪問という結果になっていった。

毎回必ずお世話になるパレスチナ自治区ヨルダン川西岸地区ナリン村のご家族の家で振る舞ってもらった、お母さんの手料理はどれもとても美味しい。今でも続いている彼らとの交流は、私にとっては思い出すだけで笑顔になれる、宝物と言えるようなものとなっている。彼らの家ではお隣さんのＷｉ－Ｆｉを借りており、物置部屋の隅っこでしかネットが通じない。ときにはパスワードを忘れたと言って、窓を開けてお隣さんに「おーい！　パスワード何だっけ？」とやりとりしていたりもする。

私が次の訪問地の人たちとメールのやり取りをするためその物置に行くと、家族みんなが付いてくる。真っ暗な物置の隅っこで、みんなで私のｉＰａｄを覗き込んでるのが、なんだかおもしろくて笑えてくる。五歳ぐらいから一五歳ぐらいの子どもらが集まって、みんなで一緒にボールで遊んで、ゲラゲラ笑い転げたりもする。占領や暴力にもめげず、子どもたちはユーモアに溢れている。そして、誰もが私のやることなすことに興味津々で、あっという間に隠し事もできないような距離感になってしまったのが懐かしい。

そのナリン村は、アカデミー賞を受賞したドキュメンタリー映画『壊された5つのカメラ　パレスチナ・ビリンの叫び』（二〇一二年）で有名になったビリン村とは、巨大入植地を挟んで反対側に位置する。ナリン村の4／5に当たる土地は入植地の建設のために収奪されて、残った土地に暮らす人々も、日々入植者からの理不尽な嫌がらせに苦しめられていた。

ある年には、私たちが到着した時、ナリン村の家族はいつものように満面の笑みで出迎えてくれ

ナリン村の見事な樹齢数百年のオリーブの大木。風格に見惚れる

たが、みんなどことなく疲れ切った顔だった。話を聞くと、前の晩にいきなり兵士がやってきて、お母さんの甥を含む複数の若者を連行していった。その後もずっと集落の中をドローンが飛んでいて、みんなはろくに眠れなかったのだという。

また、近年になってからは、樹齢一〇〇年を超える美しいオリーブの樹々が、夜中にやってくる入植者たちに引っこ抜かれたり、ガソリンをかけて放火されるという事件が頻発していた。ある年は、私たちが訪ねたほんの数日前に木が燃やされた。現場で見た樹々は、無惨に黒く焦げており、焼けた匂いが生々しく感じられた。

オリーブ農家をしているお父さんの本業は散髪屋さんなのだが、ヨルダンに移住していった親族の土地にあるオリーブの木々の面倒も見ていて大忙しであった。パレスチナ人農家から繰り返し聞いた話は、「入植者たちは特に樹齢の古い木を憎むんだ。家族代々受け継いできた土地とオリーブの木々は、パレスチナ人がずっと昔からここにいた証(あかし)だから」とのことだった。

京都で出会ったパレスチナ出身の大学教員は、「私たちはオリーブの木が切られたと聞くと、自分の身体が切られたように感じるんだ」と、自分の腕をバッサリ切り落とすようなジェスチャーをしながら言った。今では私も同じように感じ始めており、木が抜かれたり切られたり燃やされたと聞くと、心の中のどこかが出血するような感覚に襲われる。

しかし、ナリン村の人々は入植者の話をするとき、いつも淡々としていた。子どもたちにとっても生まれた時から続いている状況なので、入植者の暴力がある意味で日常になってしまっているのだろう。それを痛感させられることが何度もあった。

あなたの将来の夢は何？

二〇一七年の秋の援農の時だった。その日はヨルダン川西岸地区のスーシヤという入植地間近の村でオリーブ収穫の作業に参加し、収穫の合間にその集落の人々にインタビューさせてもらった。その集落は新しくできた大きな入植地のすぐ近くにあるため、様々な苦難にさらされていた。インタビューをした男性は、占領下のパレスチナでは仕事が見つからないと言っていた。隣にいた友人が「コイツ、実は大学出の秀才なんだよ。なのに仕事がないから、入植地の建設の仕事をやらざるをえないんだ」と話してくれた。

その男性のインタビューの際、その様子を傍で注意深く見守っている一〇歳ほどの少女がいた。インタビューをした男性の娘さんだった。大人たちのインタビューでは深刻な話が続いたため、彼女はその様子を真剣な表情で聴いていた。私たちは、彼女にもインタビューしたくなって、「あなたの将来の夢は何？」と一言たずねてみた。私にも娘がいる。だから、小学三年～四年ぐらいの年齢の子なら、たとえば「お花屋さん」とか言うのかな、と漠然と思っていた。しかし、彼女は「私の夢は占領が終わることです」と即答した。そして「早く大きくなって、入植者と日々戦っているお父さんとお母さんを助けたい」とも。この少女に限らず、パレスチナの子どもたちは家族想いの子が多い印象だった。いずれにせよ、一〇歳前後の子どもが抱く将来の夢が「占領が終わること」。私はその言葉に打ちのめされた。くわえて、そんなことを子どもに願わせるような占領は、ひどく間違っていると感じた。

彼女のお父さんがこんなことを教えてくれた。この集落の近くにできたシオニスト入植地に、「なんと彼らは私たちの集落と同じ『スーシヤ』という名前をつけたんだ」と。スーシヤという集落は、ヨルダン川西岸地区のヘブロン近郊に位置し、ビザンチン帝国や十字軍の歴史的記述にも登場する歴史ある村だ。一九八〇年代からイスラエルの入植地の建設が始まり、土地の収奪と強制退去命令に住民は苦しめられてきた。二〇一二年にはイスラエルによって建設されたスーシヤ公園が考古学的国家遺産に指定された。歴史的な遺跡の保護などを理由に住民を強制退去させ、「国立公園」を建設して占領を正当化する。これも「占領あの手この手」の典型的な事例である。

占領のかたちとしての「文化的収奪」

収奪や占領の形は何も強制退去や暴力行為だけではない。二〇一三年にヨルダン川西岸地区の北部にあるジェニンを訪ねた時のこと。話していたパレスチナ人が家の庭に偶然やってきた愛らしい青い小鳥を指さして、「あれはパレスチニアン・ブルージェイという固有種の鳥なんだよ」と教えてくれた。ところが、最近イスラエルで発刊された動物図鑑に、その鳥が「イスラエリ・ブルージェイ」と記載されていたというのだ。彼は深いため息をつきながら「彼らは土地だけでなく、水も、植物も、空を飛ぶ鳥さえも我々から奪っていく」と呟いた。

私は、パレスチナの人々の食事に欠かせない「ザータル」（野生のタイムと赤紫蘇のようなハーブと胡麻をミックスしたもの）が大好きだ。ある日、ネットでイスラエルの領事館の公式サイトの動画が流れてきたのでそれを見ていると……。なんと「イスラエル固有の魅惑のスパイスミックス、『ザータル』をご存知ですか？」とザータルを紹介しているではないか。日本在住のパレスチナ人の友人にこの話をしたら、彼女は両手で顔を覆って「ノー！」と叫んだ。

ファラフェル（パレスチナのひよこ豆のコロッケ）やタッブーレ（パレスチナのサラダ）も、イスラエル人は自分らの料理だと主張している。「まさかザータルまで？　ザータルだけは……」と悲痛な表情の彼女を見ながら、恥も外聞もないイスラエルの文化的収奪の露骨さに改めて驚き、ムカムカが止まらなかった。

ナリン村のお母さんの絶品マクルベ。パレスチナを代表する料理のチキンと野菜の炊き込みご飯。これが食卓に出てくると歓声が上がる

二〇一六年に訪ねたトゥルカレムという西部の街

ヨルダン川西岸地区トゥルカレムのイスラエル側の国境エリアに、一大化学工業団地が築かれている。元の工場はイスラエル内にあった。だが、そのエリアで公害訴訟が頻発し、パレスチナ内の入植地に移転されたのだという。そこで働く労働者はほとんどがパレスチナ人であり、イスラエルでの国内法は当てはまらない。そんな言い訳の元に、最低賃金以下の条件で雇用され、残業代や有給などの保障もゼロ。不満を言えばすぐに解雇される。仕事を探しているパレスチナ人は、いくらでもいるからだ。

その工場では、ほとんどの国で使用を禁じられている危険な化学薬品を使った

工業製品を製造しており、その排水はパレスチナ側に垂れ流されている。煙突からも有害成分を含んだ煙が流れ出ている。しかし、イスラエル側に風が吹くと工場の稼働が停止され、パレスチナ側に風が吹く日だけ稼働される。また、イスラエルの法律で、一定期間使用していない土地だと認定されると、イスラエルに収奪されてしまう（この法自体が不条理だ）。よって、有害物質で汚染された土壌だとしても、パレスチナ人は農地として使用せざるを得ない。カルキリアの近隣住民は、他のエリアと比較すると、癌、白血病、リンパ腫、呼吸器疾患の患者の数が突出して多く、特に子どもの癌が多く発生しているという。

暴力的な占領に対してどれだけ粘り強く闘ったとしても、有害物質によって子どもの健康が深刻に脅かされる事態の前にはなす術がない。結局、土地を離れるという決断をする住民も多い。

余談だがその数年後、日本でバスルームなどで使うタイルの輸入をしている知人と話した。その日本人男性は、パレスチナの占領のことはおそらく何も知らないし、私もそのような話題を彼としたことはない。その際、彼は「先日タイルの国際見本市のためにヨーロッパの街に出張で行った際、あり得ないような鮮やかな色のイスラエル製の商品が注目を集めていた。（商品としてはとてもユニークで魅力的だが）あれはたぶん他の国では毒性があって禁じられている薬品を使っているんだと思う」と言っていた。

彼から聞いた話は、トゥルカレムで見聞きした有害物質の話と一致している。あそこで作られた工業製品が実際に海外に輸出もされている可能性を、改めて知ったのである。イスラエルから見れば、パレスチナ人を安くで危険な労働に従事させ、かつパレスチナ住民をジリジリと追い払うことができ、国際的には競争力が高い商品を作って儲けることができるのである。極めて悪辣なビジネスモデルだと言わざるをえない。

イスラエルが深刻な人権侵害を犯しながら儲かるビジネスを展開しているのは、よく知られているが、それはハイテク兵器の開発やセキュリティ技術だけでなく、多種多様な分野に渡っているのである。いまさらながら、BDS運動（イスラエル製品やイスラエルを支持している企業製品のボイコット運動）がどれほど重要か、ここで改めて述べるまでもない。

二〇二三年一〇月以降、続けられているイスラエルによるガザ地区（以下、ガザ）への攻撃の終焉は未だ見えてこない。イスラエルのネタニヤフ大統領は、「ハマスを殲滅するまで攻撃をやめない」と繰り返し発言し、停戦交渉はまったく進まない。この間にも、パレスチナの民間人が殺されていく。ネタニヤフはハマスを出汁に使って、結局はパレスチナ人を殺し尽くしたいだけなのではないか。

自分たちに都合のいい虚構を作り上げ、武力と資金力で国家体制を力づくで積み上げてきたシオニストたちは、国際社会の批判に対して逆切れしている。たとえば、自分たちを批判する人々を理屈に合わない脅迫で黙らせる。自らの非道な行為から目を逸らせるため、色とりどりの煙幕を張り、その間に大胆な盗みや破壊を行う。あたかも詐欺集団のようである。

彼らの主張は、冷静に考えると極めて幼稚にも聞こえるし、モラルに反している。にもかかわらず、国際社会がこれほどの長い期間、見て見ぬ振りをしたり、同調したり、直接あるいは間接に加担してきたのはなぜか？　シオニストの人々を強固に支える後ろ盾、黒幕であるアメリカを敵に回したくないという、姑息な保身と狡猾な損得勘定に基づいた「判断」の結果なのだろうか？

世界中で普通の市民たちが、パレスチナの状況を知れば知るほど、これは間違っていると確信しつつあり、世界各地の街角でデモや抗議活動を繰り返されているのが唯一の希望だ。それでも、イスラエルによる日々の殺戮行為をやめさせる手段がどこにもない絶望感が、抗議する人々にも少しずつ共有されていく……。

ナブルス旧市街で出会った子どもたち

もう一つ、二〇一五年にヨルダン川西岸地区のナブルスを訪ねた時のエピソードを記したい。私はその前年にもこの街を訪れた。この古い街の風情がすっかり好きになっていた。ノスタルジックな石畳の旧市街や何百年も続くオリーブオイルの石鹸工場、そして世界一美味しいクナーファ（アラブのチーズケーキ）の店。滅多に見ない外国人である私たちに興味津々の、素朴で親切な人々。「日本語を勉強している」と言うアニメ好きな女子高生たちに取り囲まれたこともあった。

ナブルスでお世話になったタクシー運転手は、二つの山に囲まれたナブルスの街を、愛おしそうな口ぶりで、「ナブルスは母のような街だ。二つの手で優しく人々を抱いている」と表現した。

だが、二〇一五年に訪ねた時は、この街の荒んだ現実を垣間見るような小さな事件が起きた。

私たちがあてもなく旧市街を歩いていると、いつの間に人通りが少ないエリアに来ていた。そこで向こうからやってきた子どもたちが、私たちに向けて石を投げ出したのだ。五～六人の集団で、おそらく五歳から一〇歳ぐらいのどこにでもいるような子どもたちだ。最初は、ふざけているのかと思い、私たちは笑っていた。ところが、年長の男の子たちが投げる石のサイズが大きくなってきて、その一つが同行女性の足に当たった。彼女は「痛い！」と叫んだが、子どもたちは石を投げ続けた。何度も訪れているパレスチナで、部外者である私たちに対して、（イスラエル側の人々でなくパレスチナ人から）このようにあからさまな敵意を向けられたのは、この時が最初で最後だった。

結局、この時は偶然通りかかったご老人が子どもたちを叱ってくれて、それ以上の事態にはならなかった。白い髭を生やし、アラブの伝統衣装をまとい、杖をついてかくしゃくとした様子の老人は、私たちに対して申し訳なさそうに謝罪し、逃げていく子どもたちの後ろ姿を見ながら、まるで「ああ、情けない」と嘆くように、しきりと首を振っていた。石が足に当たった女性は初めてのパレスチナ訪問だった。その後、彼女は「ナブルスはステキな街だと聞いたけど、私にはそう思えない」と漏らした。

ナブルスの人々が置かれた厳しい状況を考えると、時折やってきては人々を苦しめたり殺したりしていく軍隊や入植者によって植え付けられた「よそ者」に対する敵意が、子どもたちの中にくすぶっていたとしても仕方がないとも思える。その怒りを通りすがりの旅行者にぶつける行為はまちがっているし、そもそも私たちはパレスチナの支持者だからそこにいた。しかし、子どもたちにはそんな区別などつくはずもない。戦車やマシンガンに対して、石コロという武器しか持たない普通の人々。彼らの抵抗手段を、安全なところからやってきて、束の間の非日常を味わっているだけの私たちがどうして非難できよう。

これはナブルスで起きた事件だったが、仮に同様の事件がヘブロンやジェニン、あるいはエルサレムで起きたとしても、私は驚かなかっただろう。私たちの目の前で、友だちと楽しそうにふざけ合って歩いていた一二〜一三歳の少年がいる。彼は、いきなり兵士に捕まって、両手を頭の後ろに組んで壁に向かって立たされ、屈辱的なやり方で身体検査と称する暴力行為を受ける。あるいは道端でひさまずかさせられ、銃を突きつけられて「取り調べ」を受ける。そんな少年たちを、これらの街のあちこちで私は目撃してきた。

この少年たちが、空気のようにまん延する狂気じみた暴力にさらされて成長した時、自分たちを支配する圧力をなんとかして跳ね返したいと願うのは、至極真っ当で人間的な反応ではなかろうか？そのように押さえつけられ続けた場合、私なら確実にどこかの時点で暴れるだろうという確信がある。

余談だが、エルサレムなど世界中から観光客がやってくる都市では、少年たちに理不尽な暴行を加えるその同じ兵士たちが、見るからに外国人観光客風な私たちには笑顔で手を振ってきたりする。兵士の若者たちと写真撮影に興ずる観光客も少なくない。だが、忘れてはいけない。彼らは、パレスチナ人には子どもであっても容赦なく暴力を振るうし、少しでも疑わしいと感じただけで撃つように訓練されているのだ。

私が初めてパレスチナの援農に参加した二〇一三年に話を戻そう。のどかなオリーブ畑での収穫が続き、おしゃべりに花が咲き、「占領下っていうけど、案外のんびりしたものだな」などと思っていたその時、突然向こうから完全装備の兵士たちがやってきたことがあった。そして、私たちのビデオカメラをチェックして、幾つかの映像を今すぐここで消去しろと命令してきた。その兵士の横では、ライフル銃をこちらに向ける別の兵士がいた。

畑の真ん中で、見たこともない本物のライフル銃が至近距離でこちらに向けられて、兵士の指が引き金にかかった状況。どこかシュールでもあり、冷や汗が噴き出るような経験でもあった。この兵士がほんのちょっと指を動かしただけで、私たちは蜂の巣になって即死する。その出来事は誤射事件として小さく扱われ、そんな危険なところにいた外国人が悪いという声に紛れ、すぐに世間から忘れ去られる。

分離壁のすぐ手前のオリーブの樹。壁の向こうには近代的な入植地の建物群が見える

そんなことが頭の片隅をよぎった瞬間であった。そんな非日常が、パレスチナの人々の日常であるということも。

パレスチナに未来はあるのか？

改めて書いておきたいのだが、パレスチナの人々は何もむずかしいことを要求しているのではない。私が出会った農家の人々は、驚くほどシンプルで質素な暮らしぶりだった。彼らは最新設備の大きな家が欲しいとか、高級車が欲しいとか、海辺のリゾート地に別荘が欲しいと言っているのではない。今まで通り、自分たちの家や土地で暮らし続けたいと望んでいるだけなのだ。

畑を耕し、家畜を世話し、夕食を囲んで家族と笑い合い、客人が来ればアラブコーヒーやシャイ・マラミーヤ（セージ入り紅茶）でもてなし、金曜日には隣人たちと心静かに祈りと感謝を捧げる。そんな当たり前の生活を続けたいという要求を前に、イスラエルは際限のない略奪や破壊を行い、プライドを踏みにじる。パレスチナの人々の正義を求める叫び声を、国際社会が無視し続けてきたのはなぜなのか？　イスラエルも国際社会も、ハマスを手に負えない凶暴な怪獣のように扱う。だが、その怪獣を産んだのは一体どこの誰なのか？

ハマスがガザを実効支配するに至った理由は、パレスチナ自治政府の腐敗に対するパレスチナ人の怒りだった。その文脈で言えば、ハマスはパレスチナを分断させた存在なのだからと、ガザを徹底的に攻撃する絶好の言い分をイスラエルに提供してくれる。結局、イスラエルはハマス殲滅を言い分に、ガザを実効支配したいと考えている。そのことは、このところの停戦交渉がことごとく「空振り」していることを見てもあきらかであろう。

イスラエルにとっての停戦交渉は、時間稼ぎのためにやっているふりをしているにすぎない。イスラエル（およびアメリカ）は戦争によって経済が成り立っている「戦争依存／兵器依存」の国である。彼らがどれほど国際的に非難を浴び続けてもガザへの攻撃をやめないのは、兵器を使えば使うほど「儲かる」システムが構築されてきたからに他ならない。ガザほど便利な兵器の実験場かつ消費場は他にないのだから。

これまでイスラエルは、ガザ以外の海岸線沿いを奪ってリゾート開発をしてきた。観光は平和産業であり、きな臭いイメージの払拭に大いに役に立つ。今回、誰が見てもやり過ぎなほどガザを破壊しているのは、兵器の消費場としてパレスチナ人を殺戮し尽くしたあと、そういった自分らの暴力を覆い隠すリゾート地を建設する目論見があるに違いない。また、ヨルダン川西岸地区の入植地建設で味を占めたように、不動産開発で大儲けしようとしている。くわえて、ガザ沖で発見されたという、巨大天然ガス田の存在がある。巨万の富をもたらすガス田をイスラエルが独り占めしようとしている。そんなシナリオも決して考えすぎではないだろう。

付け加えるならば、パレスチナ人の子どもたちを殺戮することに、シオニストは何のためらいもないと思われる。なぜならば、彼らから見たらパレスチナの子どもたちは、自分たちを脅かす「未来のテロリスト」だからだ。ここでスーシャの「夢は占領が終わること」と言った少女や、ナブルスで石を投げてきた子どもたちの顔が脳裏にふと浮かび、目の前が暗くなる。

おわりに

ここまでの記述を読まれた方は、私がイスラエルを徹底的に批判したいように思うかもしれない。他方で、じつは日本に暮らす私たちも、どちらかといえばパレスチナよりもイスラエル的な価値観の中で生きているのではないか、と思うこともある。

安倍政権が目指していたイスラエルとの軍事技術協定。また、他国の資源や労働力を搾取する産業構造。目先の利益を求めることによる持続性のない生活システム。無節操に建設した原子力発電所と、その核廃棄物の無責任な処理。沖縄にアメリカの基地の大半を押し付け、その負担や苦しみを理解しようともしない姿勢……。

ある人物は、パレスチナの話をしていた際、「正直言ってさ、『パレスチナの人たちも、もう土地にしがみつかなくてもいいじゃん？』『殺されるぐらいならさっさと出ていけばいいんじゃないの？』って思っちゃうんだよね」と言っていた。その発言の背景や真意は、いくばくかは私にも理解できる。しかし、他国を侵略し、占領し、虐殺に手を染めておきながら、本当の意味での反省も償いもせず、後世に過ちを伝える努力すらしてこなかった日本という国の無神経さと驕りと、それらに無自覚でいられる特権性を、この発言のどこかに感じてしまうのだ。

どちらを向いても「絶望」と言う言葉しか出てこない、パレスチナの現状。

私はこのささやかな原稿をどのように締めくくったらよいのかわからない。希望について書きたいのは山々だ。しかし、どこを向いても悲惨な現実が見えるなか、希望がどうのとありきたりな言葉を連ねる気にはなれない。

それでもやはり言うしかない。

言葉を発し続けること。どんなに小さな希望でも決して手放さないこと。それ以外に私たちにできることはない。そんな現実から目を逸らさないこと。

この世界を変える鍵。その鍵は、やはり私たち市民が自分自身の手のひらに握っているのだから。そのはずなのだから。そうでないといけないのだから。

「こんなのおかしい」と考え始めた世界中の何万何億という人々。彼らと共に、「こんなのおかしい」「いい加減にしろ」「金儲けのために殺すな」と、声が枯れるまで、虐殺が止むまで、占領が本当に終わるまで、あの少女の夢が叶う日まで、言い続けるしかない。

焼け付くような祈りを込めて、パレスチナの土地と共に生きる人々にこの文章を捧げる。

（二〇二四年七月二〇日）

侵略国イスラエルから見たガザの集団虐殺

ガリコ美恵子

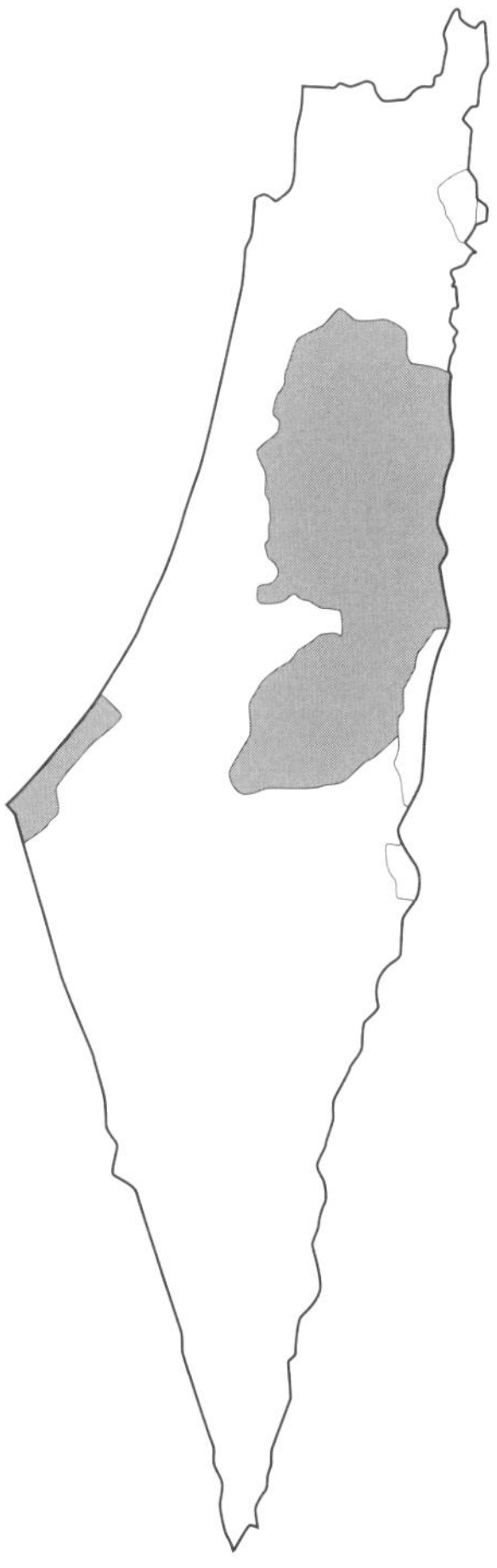

ガリコ美恵子（がりこ・みえこ）

一九六五年、大阪府生まれ。嵯峨美術大学付属短期大学洋画科卒業。一九九一年、イスラエル人との婚姻のためエルサレムに移住し、現在に至る。エルサレムで寿司職人をするかたわら、平和活動に参加。著書に『反核の闘士ヴァヌヌと私のイスラエル体験記』（論創社）など。ウェブの「人民新聞ドットコム」で「イスラエルに暮らして」と題するコラム記事を連載中（二カ月に一度の更新）。

ガザ虐殺に対するイスラエル人の反応

イスラエルは人口約九〇〇万人。うち約八割がユダヤ人で、彼らの中でイスラエル軍がガザで集団虐殺を行っていると認識している者は少ない。

他方、人口の約二割を占めるのはイスラエル国内に住むパレスチナ人（アラブ・イスラエリーとも呼ばれる）だ。彼らはアラビア語のニュースを観ているので、イスラエルが集団虐殺をしていることを知っている。一方、ユダヤ系イスラエル人は、偏った、しかも頻繁に出鱈目な情報を流すイスラエルのメディアだけを見ているのが、ほとんどである。イスラエルのユダヤ人を大きく分けると、以下のようになるだろう。

〈ラディカル左派〉

占領を批判するイスラエル人は、ラディカル左派と呼ばれているが、その中でも、イスラエルが集団虐殺をしていると認識しているのは約一〇〇〇人と言われている（この人数は私の周囲の人たちに聞いた話にもとづく）。

二〇二四年六月八日、ガザで拉致されていたイスラエル人四人をイスラエル軍が救出した際、パレスチナ人二七〇人以上を殺害し、約七〇〇人の負傷者を出した。死傷者の過半数は女性、子ども、そして老人だった。同日、イスラエルの首都・テルアビブで毎年恒例の反占領デモがあったが、壇上でこれを批判する演説が次々と行われた。参加者の約半数がイスラエルで暮らすアラブ人で、残りはラディカル左派のデモならではのことである。他方、ガザ虐殺抗議デモの参加者数は、テルアビブで約二〇〇人、エルサレムで約一〇〇人ほどだ。

〈中道左派・右派〉

イスラエル国民の過半数は、ガザの民衆のことを気にしていない。「ユダヤ人のためだけの民主主義」を唱える中道左派・右派である。

国民の関心は、イスラエル政府の対パレスチナ政策にある。そして、政策への信頼は、以下のような事象が明らかになるたびに揺らいでいる。

第一に、人質の交換交渉に何度も失敗したこと。第二に、陸上侵攻したガザからはロケット攻撃が続き、ガザ周辺の町から避難したイスラエル人の多くが自宅に戻れていないこと。第三に、イスラエル兵に多くの死者が出ていること（イスラエル政府の発表によると二〇二四年六月一二日の時点で六五〇人）。第四に、レバノンのヒズボラからイスラエル北部への空爆も続いており、レバノン国境付近のイスラエル人が避難したままであること。第五に、「ハアレツ新聞」の調査により、ハマスが奇襲攻撃を行った数日前、ガザ境界線の監視塔で不審な動きあったと報告があったにもかかわらず、イスラエル政府はガザ周辺に配置されていた部隊をレバノン国境付近に移動していたことが発覚したこと。さらに、六月中旬に「チャンネル11」が発表したところによると、二〇二三年九月一九日の時点でイスラエル軍がハマスの奇襲攻撃を予知していたこと。

2024年2月16日、エルサレムのパリ広場。「集団虐殺を止めろ」と書いたポスターを掲げた若者は警察に殴られ、身柄拘束された。

「あなたが（政権の）トップ。あなたの責任だ」とネタニヤフ首相を非難する広告が、現在、街中やネットで見かけるものなど、あらゆるところにある。

「イェヒア・シノワール（ハマスの最高幹部。二〇二三年一〇月七日の奇襲攻撃の首謀者とされている）の暗殺をためらった。あなたの責任だ」という広告もある。最近は、「北部がやられている。あなたの責任だ」が多い。「人質返還」「停戦」「政権交代」を要求するデモが、ほぼ毎日行われている。二〇二四年六月一七日のエルサレム国会前デモには、一五万人が集まった。「民主主義を救え。首相の個人的利益のために、国民の命が左右されるのはこりごりだ」と、彼らは訴えていた。

〈シオニスト宗教右派〉

神がパレスチナ地域をユダの民に与えたと信じるシオニスト宗教右派の大半は、国際法違反となる入植地に住んでいる。彼らは、ヨルダン川西岸地区で放火、投石、銃撃などを行う過激派であり、テロリストでもある。彼らがこうした考えを持つのに至ったのは、イスラエル政府による洗脳教育やユダヤ選民思想、そしてメディアによる偏った報道が原因だと思われる。

〈シオニスト非宗教派〉

安息日を守らない非宗教派でも、ガザのパレスチナ人たちは全員がテロリストだと考え、ハマスを完全に叩き潰すためにはいかなる手段も取るべきだと公言するイスラエル人がいる。彼らがこのような考えを持つに至った理由は、シオニスト宗教右派と同じ理由であろう。

ユダヤ人のグループを四つに分けてみた。以下では、ラディカル左派の抗議行動に私が参加した際の話を書いてみたい。

一般市民への武器供与と弾圧

エルサレムでは、反占領活動グループ「フリー・ジェルザレム」のメンバーの過半数と、ハダシ党（社会主義、共産主義政党）の党員全員が、イスラエルがガザ地区で集団虐殺を行っていると認識している。とはいえ、フリー・ジェルザレムは週に二〜三回、反戦デモを行うようになったのは、ガザへの攻撃が始まってから四カ月以上が経ってからだった。

二〇二三年一〇月七日以降、政府が一般市民に対して護身用の銃を支給するようになった。このことにより、たとえば単なる交通事故であっても「運転手がパレスチナ人に見えた。テロリストだと思って撃った」と証言すれば、運転手を殺害した者が免罪されるようなケースが増えた。その多くは非番兵士や武装市民だ。これは、いかに簡単にパレスチナ人が撃たれているのかを示す事例であろう。そして、武装市民は武器を持って反戦デモの妨害にも来る。

ハマスによる奇襲作戦が発生した直後、政府は停戦要求デモを禁止した。だが、私が参加する「フリー・ジェルザレム」は、イスラエル軍が空爆を開始した直後の二〇二三年一〇月九日、エルサレムのマシュビルデパート前で反戦デモを行った。警察の弾圧はすさまじかった。参加者はたったの二〇人ほどだった。広場でプラカードを挙げただけで、特殊部隊によって力ずくで解散させられた。

その後も「フリー・ジェルザレム」は様々な場所で停戦要求デモを行った。しかし、そのたびに警察からの暴力を受け、メンバーの一部は骨折したり打撲するなどのけがを負い、身柄を拘留される者も出た。私はデモに参加した際、警官によって路面に体を叩きつけられ、足と脇腹と腰を打撲し、ぎっくり腰になった。

その後、イスラエルの人権団体が、「表現の自由を守り、停戦要求デモを解禁するように」と裁判所に訴えた。判決は、警察が暴力でデモ弾圧することは違法であると判断した。その結果、二〇二四年二月になってようやく、停戦要求デモが合法的に解禁となった。ただし、「集団虐殺」という言葉の使用は禁止されている。それでも「集団虐殺を止めろ」と書いたプラカードを掲げ、警察に殴られて身柄拘留される者もいる。最近は「虐殺」という言葉を使うようになった。例えば、「飢えは虐殺だ」という表現だ。

飢えは虐殺

二〇二四年四月二六日、ガザに通じるエレズ検問所の手前で、停戦を求める米国籍のユダヤ宗教指導者（ラビ）たちが、ガザに食料を運ぶためのデモ行進をおこなったので、私も参加した。主な参加者は、米国からやってきた二〇人のラビとイスラエルの活動家二〇人の計四〇人だった。ラビたちの主張は、「イスラエル当局がやっていることはユダヤの教えの逆である。飢えさせることは虐殺だ。一刻も早く停戦し、食料をガザに入れてくれ」というものだった。

この活動に参加するためには、いくつかの約束事があった。ひとつめは、行動終了まで具体的なことは誰にも話してはならないこと。ふたつめは、「集団虐殺」という言葉をプラカードに書かないこと。みっつめは、逮捕される覚悟があるなら、携帯電話は持参しないこと（逮捕されると、警察が携帯電話を没収し、強制的にロック解除を行う）。

参加した仲間のAさんとMさん（ふたりともイスラエル人で二五歳）に「イスラエルは集団虐殺をしていると思うか」と聞くと、ふたりとも深くうなずき、まずAさんがこう話した。

「私たちは幼稚園から、パレスチナ人はテロリストで私たちを殺そうとしている、と教えられてきた。でも、高校で知り合った友人に真逆の話を聞いた。そして、ネットで調べるうちに、政府に騙されていることに気づいた。ヨルダン川西岸地区でパレスチナ人と連帯する運動に参加するようになり、その気持ちは深まるばかりだ」

つづいてMさんがこう語る。

「イスラエルの教育システム自体が洗脳教育。でも、本当のことを知ろうとするなら、ネットで調べたり本を読んだりするなど、いくらでも方法はある。私は洗脳されていたと気づいた時に激怒し、その怒りが活動の原動力となっている」

私たちは、ガザ付近の林の中で集合した。木陰で最終的な会議を行い、列になって車で走行した。やがてエレズ検問所の手前に来ると、車を降り、警察の検問所までプラカードを掲げ、行進した。ラビが用意した、米と小麦粉が積まれた小さなトラックを取り囲むようにして歩いた。

警察は私たちの行く手を封鎖しようとした。だが、身軽なMさんが警官の脇をするりと抜けて走り出し、みながそれに続いた。警官の壁を突破すると、その先では別の警官が列をなし、壁を作っていた。一時間ほど警察ともめつつ、「停戦しろ。食料入れろ」と声をあげた。そして、道路に座り込んでアピールしたAさんとMさんを含む七人が警察に連行された。食料支援トラックは、警察ともみ合っているすきにUターンした。国連パレスチナ難民救済事業機関（UNRWA）に寄与するため、来た道を折り返したのだった。

二〇二四年五月半ばには、ガザへの物資支援を阻止している右派団体の事務所がエルサレムにあることが発覚した。五月一七日、「フリー・ジェルザレム」はその事務所前でデモを行った。約一〇〇人がプラカードを持って立ち、「ガザの人も人間だ。飢えさせることは戦争犯罪だ」と叫んだ。

右派の人びとが妨害をし始める。彼らの論理はこうだ。「ガザに食料を入れれば、ハマスに渡ってしまう。ハマスは撲滅しなければいけない。だから食料をガザに入れてはならない」。彼らは自転車でデモ隊に突っ込んできたり、卵を投げたりした。しかし、警察は右派の暴力を放置していた。この日は、パレスチナ国旗の絵入りTシャツを着ていた仲間が警察に身柄を拘束された。

弾圧されるメーデーのデモ

また、イスラエル北部にはイスラエル国籍のパレスチナ人が多数住んでおり、ハダシ党、タール党、ラアム党、そしてバラド党といったアラブ・イスラエリーの政党は人気がある。メーデーのデモ行進は、五月一日前後の土曜日に、それらの党員が多いナザレで毎年行われる。二〇二四年のメーデーは四月二七日に実施されたが、事前の宣伝文句はこうだった。

「ガザの民衆に連帯し、停戦を求めて行進しよう」

実施前夜、警察はハダシ党ナザレ支局を襲撃した。ガザの虐殺を表現した工芸品——デモ行進で発表するはずだった——の一部を破壊し、党員の携帯電話のシムカードを没収した。夜半まで身柄拘束された党員もいる。

警察の威嚇は利いた。参加者は、昨年の八〇〇〇人の半数となる四〇〇〇人にとどまったのだ。

それでもデモ行進ではブラスバンドが長列をなして演奏し、小学生による手作りの工芸品を荷台に乗せたトラックが走った。国会議員らが腕を組み、交代で演説しながら歩く。二〇二三年までは、メーデーでパレスチナ国旗を手に持つことは問題視されていなかった、しかし、二〇二四年は小さい旗を三つ掲げるのが精一杯だった。しかも、その旗は行進の途中で警察に没収された。パレスチナ国旗を掲げることは違法ではない。デモの参加者を弾圧し、萎縮させることが目的である。

「集団虐殺を止めろ」と書いたプラカードを持って行進していた男性がこう言った。

「この国で、イスラエルが集団虐殺を行っていると認識してるユダヤ系イスラエル人は、数百人くらいだ。アラブ・イスラエリーは、アラビア語のメディアを観てるから知ってるけど、ほとんどのユダヤ人はあえて海外メディアのニュースを観たりしない」

また、エルサレム在住のハダシ党党員アビラムさん（二二歳）はこう言った。

「ハダシ党党員は全員、イスラエルが集団虐殺していると認識している。ガザで悪いことをしていると心中で思っている人は、もっといると思う。集団虐殺、と具体的に認識していなくても、やりすぎだ、と思っている人は数万人いるはずだ。みんな、現実に目を向けることが怖いんだ」

ドイツ大使館に抗議

米国の次にイスラエルへ大量の武器を供給しているがドイツだ。ドイツ政府は、二〇二三年度に無人戦闘機など三億五四〇〇万ドル相当の武器を、イスラエルに輸出することを承認した。その大半は同年一〇月七日以降に承認されている。ドイツがイスラエルに販売している武器は、対戦車ミサイル、焼夷弾、推進弾（噴進弾）、無人戦闘機、戦車の弾薬、戦艦、潜水艦など。

これに対し、二〇二四年六月七日にラディカル左派が、テルアビブにある在イスラエル・ドイツ大使館前で抗議行動を行った。参加者は約三〇人。私も参加した。私たちは大使館の入り口に立ち、停戦要求の幕とプラカードを掲げた。ドイツ国籍を持つイスラエル人が「集団虐殺を行っているイスラエル軍に武器を供給することは、集団虐殺に加担することになる」と書いた手紙を英語とドイツ語で朗読し、大使館スポークスマンに手渡した。

参加者たちはそれぞれの体を鎖でつなぎ、プラカードを掲げて抗議の声をあげた。プラカードには、以下のようなコメントが書かれていた。

「一度は歴史の正しい側に立て」
「あなたの手についてる血は、まだ十分でないのか」
「集団虐殺を、二度と誰にも繰り返すな」
「新たな集団虐殺に加担することで、過去の集団虐殺（ホロコースト）を償うことはできない」

デモの最中、右派の男性が私に寄ってきて、こういった。「おい、中国人。中国へ帰れ。お前の国はチベット人を大量に虐殺したじゃないか」。彼は私たちの横断幕を力ずくで奪い、引き裂いた。警察はその男性に現場から離れるように指示する一方、五人の参加者を拘束した。

2024年6月7日のドイツ大使館前での抗議行動

ガザ虐殺に対する日本のスタンス

日本の企業がイスラエルによるガザでの虐殺に加担している可能性も生じている。二〇二四年六月六日に武器取引反対ネットワーク（NAJAT）とSTOP大軍拡アクションの呼びかけで、石川島播磨重工業（IHI）の本社前にて申し入れ行動が行われた。そのことを示唆する、申し入れの呼びかけ文を以下に抜粋する。

四月二六日、IHI（旧石川島播磨重工業）は、ステルス戦闘機F35に搭載される「F135エンジン」の構成部品（福島県の相馬工場で製造）を、米軍需企業（Pratt & Whitney）に向けて初出荷しました。昨年末の岸田政権による武器部品の世界への輸出解禁（従来は米国のみ）の動きに呼応したものです。

これにより、日本製のエンジン部品を組み込んだF35が戦争犯罪をもたらす道が開かれることになります。米国製のF35はイスラエルによるガザ空爆でも使用されていると報じられています。

IHIはこれを契機に、全世界での一定のシェアをめざして、生産能力を増強すると表明しています。既に、瑞穂工場（東京都西多摩郡）でアジア太平洋地域のF35のエンジン整備を担っており、今回の部品輸出は米軍への加担を一層深めるものです。

IHIの総務担当者は、輸出した部品が組み込まれたF35がどこに渡るかをコントロールできないと認めています。イスラエルに大量の武器を供給し、拒否権を行使して国連安保理の停戦決議を繰り返し潰してきた「ジェノサイド共犯国家」米国への武器部品の輸出は、虐殺への加担につながります。IHIは、米国の軍産複合体の「下請け」となることを拒否すべきです。

また、日本政府は、四つの貿易会社（川崎重工、日本エアークラフトサプライ、住商エアロシステム、海外物産）を通して、イスラエルから攻撃型無人戦闘機（殺人ドローン）を購入する方針である。しかも、次期戦闘機共同開発の調整機関設置条約も二国間で採択されている。このことは、日本政府がイスラエルのガザにおける侵略と戦争犯罪、そして集団虐殺に加担することを意味する。

イスラエルで暮らす私たちが在イスラエル・日本大使館に抗議する日は、近いのかもしれない。

2023年11月13日　メイル・バルヒンが、釈放された瞬間

教育現場での弾圧

「集団虐殺だと認めないのは、言葉の定義にこだわっているからだ」

ガザでの集団虐殺を批判したことで、エルサレムで最初に弾圧を受けたユダヤ人の教師は、メイル・バルヒン（五九歳）だった。彼は公立高校の歴史教師だ。

メイルは Facebook で毎日、イスラエル軍に殺されたガザの子どもたちの顔写真と名前を掲載し、追悼文を投稿している。これが当局の目にとまり、二〇二三年一一月九日に家宅捜査をうけ、「テロ扇動罪」の疑いで四日ほど身柄拘束された。裁判所からは「表現、言論の自由を認めるが、一カ月間のソーシャル・メディア使用禁止」という判決が出され、彼は釈放された。

私は、友人であるメイルが釈放されるまで、警察の前で何時間も待った。そして、留置場から出てきたメイルは私にこう話した。

「家は荒らされ、携帯電話とパソコンと、『占領を目で見る』※とプリントされたTシャツが没収された。拘留中は、尋問員に罵倒され続けた。釈放後は、勤務中に生徒からつばをかけられ、物を投げられた。『娘をレイプしてやる』などと書かれた脅迫状が届き、脅迫の電話もかかってくる。勤務先を移りたいが、見つからない。教育関係者は、歴史教師としての私を高く評価してくれていた。だが、今ではどこの学長も私が問題児であると考え、世間からの評判を恐れている。

多くの国民は、アルジャジーラなどのアラブ側の報道を観ない。僕はネットで観ている。ここで認識の違いがでる。イスラエル国民の思いは、二〇二三年一〇月七日のハマス急襲で止まっていて、自分たちは被害者だと思っている。しかも、自国軍が、ガザで何をしているのか、知ろうとしない。知ってしまえば、考えが変わるはずだが、それが怖いんだ。パレスチナの反占領を唱える活動家でさえ、『ガザでイスラエルがやってることは集団虐殺ではない』と言う人もいる。それは、『集団虐殺』という言葉の定義にこだわっているからだ」

イスラエル文部省は、メイルの教員資格をはく奪した。メイルは控訴し、裁判所は教員資格のはく奪は違法であるとして、はく奪を撤回した。すると今後は、勤務先の市から告訴され、今も裁判を闘っている。

※「占領を目で見る」とは、反占領活動グループの名称。

他方、「パレスチナ人に安全な場所はない」と述べるのは、ヘブライ大学のナディラ・シャルホーブ・ケボルキアン教授だ。

アラブ系イスラエル人に対する弾圧は、ハマスによる急襲以降、激化した。二〇二四年四月一八日には、ナディラが家宅捜査の上、身柄を拘束された。容疑は、「テロ先導」だった。翌日、エルサレム簡易裁判所で裁判があった。裁判官は警察に、「テロを先導した」疑いでナディラに対して尋問する許可を与えた。メイルを拘留した時、裁判官は警察に「テロ煽動容疑」の尋問の許可を与えなかった。だが、ナディラはパレスチナ人である。こうした官憲の対応には、イスラエルにおけるパレスチナ人への差別感情がにじみ出ている。

ナディラは、アメリカとイスラエルの国籍をもつパレスチナ人だ。ヘブライ大学ではおもにフェミニズムを教え、さらにトラウマや国家犯罪と犯罪学、監視、法と社会、ジェノサイドなどの専門家として学生に人気がある。

日付はさかのぼるが、二〇二四年三月、「ガザでイスラエルが行っていることは、ジェノサイドだ」と公言したことで、ヘブライ大学は彼女の教員資格をはく奪する方針を発表した。これに対し、学生が大学のキャンパスで座り込み抗議を行った。大学はナディラに対する方針を一旦引き下げた。しかし、警察がこれを不服とし、一カ月後に家宅捜査し、身柄を拘束したのは前述の通りだ。彼女は、身柄拘束中に警官から虐待を受けたという。

ナディラの裁判中、約五〇人の活動家や学生が裁判所の前に集まり、「ナディラを釈放しろ」と書いたプラカードを掲げ、声をあげた。警察の特別部隊がやってきて、集まった人びとを力づくで排除した。そして、長時間にわたる裁判の結果、ナディラは釈放された。

釈放後、私はナディラに会った。彼女は暗い目で、こう言った。

「危険なのは、ガザだけでない。パレスチナ人は、どこにいても身の危険を感じながら生きていかなければならないことを、身をもって感じた。パレスチナ人にとって安全な場所はない」

「イスラエル・パレスチナ・ニュース」（二〇二四年五月一〇日付）によると、彼女の逮捕で明らかになったのは、大学がシオニズムをシステム的に支援しているため、これに逆らう人間は弾圧される、ということだった。ちなみにシオニズムとは、ユダヤ人が祖先の地と定義づけるパレスチナに自らの国家を作ろうという運動と、その主義や思想を示す。

現在、イスラエル国会で、新しい法案が出されている。「イスラエル政府の方針を批判した教員は直ちに解雇され、解雇補償を受けることができない」というものだ。パレスチナを支援する教員への弾圧が強まってきている。

脅迫されても、社会に抗う

「フリー・ジェルザレム」は、二〇二三年一〇月のハマス急襲の直後、秘密会議を開いた。一〇年前から「(パレスチナ) 占領反対」と書いたポスターを自宅のベランダに掲げていたメンバーの家に警察が押し入り、家宅捜査の上、逮捕されたからだ。会議に集まった四〇人ほどのメンバーの誰もが、「次に標的になるのは自分か……」と怯えていた。

「フリー・ジェルザレム」主催で一五年間、毎週恒例で行ってきた東エルサレムのシェイク・ジャラ地区における占領と入植に反対するデモは中止になり、今に至る。ハマス急襲の日、シェイク・ジャラに住むパレスチナ人の若者八人が、警察に殴る蹴るの暴行（集団懲罰）を受けたからだ。

前述の秘密会議は、携帯電話をオフにした上、別室に保管してから行う。警察のスパイが携帯電話を通して盗聴する可能性があるからだ。会議では、デモを考案したり実施する班、ガザで虐殺されている子どもの写真を壁に貼る広報班、街頭宣伝班、弁護班などに分かれて行動することになった。

その後、街頭宣伝班は首相官邸前の噴水にガザで流される血を象徴した赤色ペンキを流し、逮捕された。後に釈放されたが、数日間の外出禁止令を言い渡された。通常、デモなどで捕まると、釈放の条件として「一五日間はデモの現場に接近してはならない」ことを警察から強要される。

ところで、ハマスの急襲以降、イスラエルはパレスチナ人の子どもや老人、けが人、女性、ジャーナリスト、そして医療関係者を含む約九〇〇〇人をガザで拉致した。一部は解放されたが、極悪な拷問を受けたという証言が次々と出てきている。ヨルダン川西岸地区でも、イスラエルは多くのパレスチナ人を拉致している。

そして、拉致されたパレスチナ人の解放を条件に、ガザで人質になっているイスラエル人をハマスから返還するための交渉要求デモが、毎日行われている。ハマスが人質返還の条件に出しているのは、第一にイスラエル軍がガザから撤退すること、第二に完全停戦、第三に人質交換だ。だが、イスラエル政府は停戦もガザ撤退も念頭にない。

ネタニヤフ、恥を知れ

二〇二四年四月二四日の一八時前、「(ハマスに拘束された) 人質のヒルシ・ポーリンが生きている証拠が出てきた」という記事がネットにあがった。ヒルシはエルサレムの有名なサッカー選手だ。

その時、私はパレスチナ人の家でイスラエルのテレビでは観られないアルジャジーラを観ていた。画面に登場したのは、痩せこけてはいるがヒルシ本人で、彼は反占領活動グループの仲間であった。左手の手首から先がない。彼はテレビでこう語った。

「ネタニヤフ、恥を知れ。俺たちは二〇〇日近く、水も食料も十分にないまま、地下で過ごしている。俺は手の治療が必要だ。早く交渉して、俺たちをここから出してくれ」

その言葉を聴いた数分後、ある左派グループから「緊急デモ　首相官邸前集合」とのメッセージが届いた。アルジャジーラを観られない人の多くが、ヒルシの動画をネットで観たのだった。

すぐに官邸前へ駆けつける。するとデモ隊の侵入を防ぐための柵を警察が設置しているところだった。当初、デモの参加者は一〇〇人ほどだったが、デモ隊が柵を押し倒して前進する頃には一〇〇〇人を超えていた。ヒルシの仲間のサッカー選手が打ち上げ花火を挙げ、赤い色のペンキを道路にぶちまき、ゴミ箱をひっくり返して火を燃やした。政府に対する怒りの火である。イスラエル軍がガザで集団虐殺していることを非難する意味で、赤ペンキを手に塗って、両手を高く上げて行進する仲間もいた。

以降も参加者は増え、二〇〇〇人以上になった。デモ隊は警察ともみあいながらも、道路を占拠した。開始から二時間後には、スカンクカー（汚水を高速噴射する大型タンク車）がデモ隊に糞尿臭のする水を噴射した。この時、スカンクカーの水圧と臭いで窒息しそうになり、六人が救急車で手当てを受けた。

このデモでは四人が連行され、うち一人は釈放された。だが、三人は留置所で一晩を過ごし、翌朝裁判になった。警察は三人の拘留延期を要請した。

この後、サッカー選手がデモで派手に抗議することはなくなった。

「アルジャジーラ」というテレビ局は、ガザのパレスチナ人がいかに苦しみ、どのような被害や虐待を受けているのかを生中継で報じてきた。イスラエル人の人質がテレビ画面で発言するのも、イスラエルがガザで集団虐殺をしていると気づかされるのも、アルジャジーラが発信源だった。政府の方針により、イスラエル国内ではアルジャジーラは観られないようになっていたが、ネットでは観ることができた。

ところが、ヒルシがアルジャジーラに登場した一〇日後の二〇二四年五月五日、イスラエル政府は同局の国内での活動を全面的に禁止する閣議決定を行った。くわえて、東エルサレムにある同局の事務所を警察が襲撃し、放送器具を奪った。事務所は閉鎖に追い込まれた。

その後、アルジャジーラのイスラエル事務所閉鎖と国内での活動禁止については、世界各国の政府やメディアが批判した。

予備役拒否数は上昇中

二〇二四年四月末、ガザ南部のラファに対する陸上侵攻に向けて、予備役の再招集があった。拒否した人もいる。四月二八日付の現地紙「マアリブ」によると、ラファ陸上侵攻のために招集を受けた落下傘部隊予備役のうち、三〇人が任務を拒否したという。

ガザに陸上侵攻して占拠した地域のパレスチナ人民家で、宝石や現金などを盗み、その様子を自撮りして、自慢気にネットで拡散する兵士がたくさんいる。その反面、戦闘への参加を拒否する予備役も数多い。私の職場の同僚は、大学の勉強が忙しいと嘘をついて拒否した。実際には、ガザで虐殺されるパレスチナ人のことを知り、良心が痛むから拒否したと言っていた。

ちなみに、イスラエルではユダヤ教徒などが一八歳で徴兵され、その期間は男性が三二カ月、女性が二四カ月となっている。予備役とは、軍務を経験した人で、現在は別の仕事をしている人を指し、四〇歳まで招集が可能とされている（その後、招集可能な年齢を延ばしたり、これまで兵役が免除されていたユダヤ教正統派も徴兵可能になるなど、国内法が目まぐるしく変わってきている）。

イスラエル政府に疑念を示すのは、予備役を拒否する者だけではない。二〇二四年五月二三日付の現地紙「ハアーレツ」に、イスラエル人の人権専門弁護士ミハエル・スフォードが投稿した記事が話題になった。そのタイトルは、「戦争が終わったら、政府は国民に対し、多くの質問に答える必要がある」というもの。翌日にはイスラエルのテレビ局「チャンネル13」がスフォードを招き、インタビューした。

彼はこのようにイスラエルのメディアを批判した。

「国際司法裁判所（ＩＣＪ）がネタニヤフ首相とガランツ国防相に対し逮捕状を要求した。これを知って、多くのイスラエル人が『なぜなのか』と首をかしげている。イスラエル軍がガザで何をしているのかという情報を、イスラエルのメディアが提供しないからだ」

スフォードの発言は、イスラエルの現状を言い当てている。イスラエルのメディアは偏っているし、嘘も多い。だからこそ、イスラエル人の多くはガザで自国の兵士がパレスチナ人の集団虐殺を行っているとは認識していない。

イスラエルが犯してきた、また犯している様々な犯罪の根底にあるものは何か。それは、帝国主義や植民地主義、資本主義、白人至上主義、歴史修正主義、洗脳教育、そして報道規制に基づくものだといえる。それらによって、イスラエル人は自国が犯してきた、また、犯している罪を知らない。

民主主義は権利の平等が基本である。パレスチナを占領、侵略し、パレスチナ人を虐待する国に、民主主義はありえない。過去の侵略戦争や現在の入管問題など、他国の人々の人権を踏みにじっておきながら、その罪の深さを感じない、また感じようとしないという意味で、日本人とイスラエル人はよく似ている。

（二〇二四年六月二六日）

通行を規制されつつ、アル・アクサー寺院での礼拝から帰宅中のイスラム教徒のパレスチナ人。2023年10月7日、ハマスがイスラエルに対して奇襲攻撃を行ったときの作戦名は「アル・アクサーの洪水」。なぜこのような作戦名となったのか。この寺院の敷地内にはイスラエルの官憲が常駐し、ときには礼拝所に催涙弾や音響爆弾が投げ込まれ、礼拝者を連行するなどの蛮行がまかりとおっているからだ。ハマスの軍事スポークスマン（アブ・オベイダ）は、攻撃の理由を以下のように説明した。
「イスラエルがパレスチナのイスラム教徒やその聖地であるアル・アクサー寺院に対し、日々、非情な攻撃を行ったことに対する怒りが洪水となった」

IV

不均衡で
不条理な歴史

殺戮者の手を縛るために

鵜飼 哲

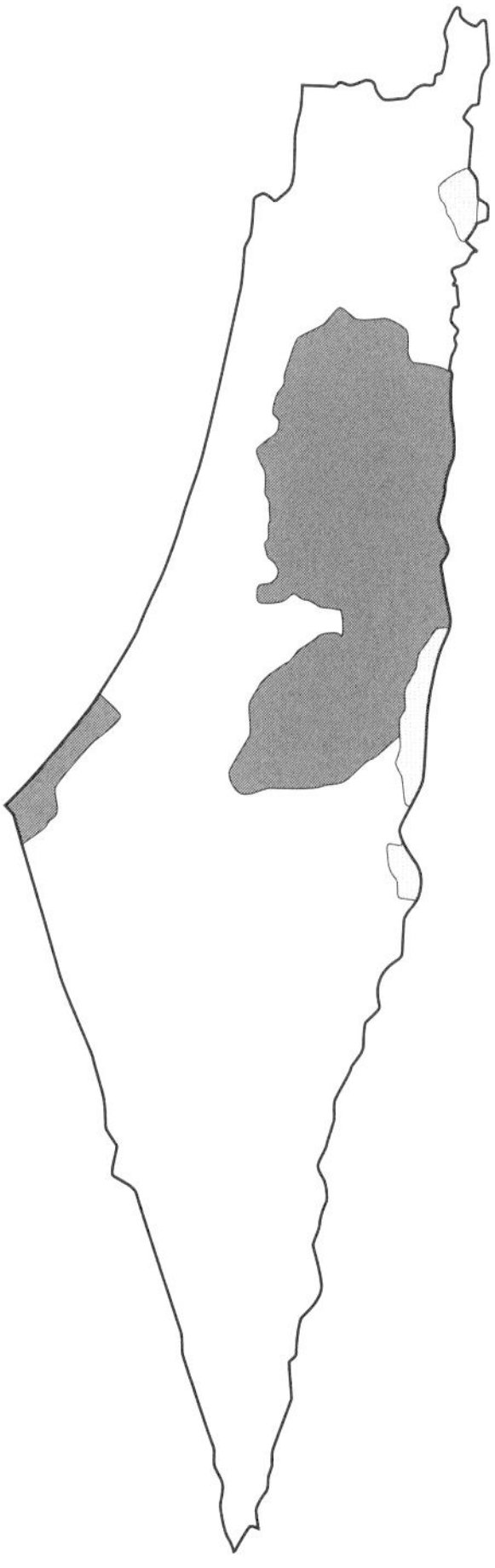

鵜飼哲（うかい・さとし）

一九五五年、東京都生まれ。一橋大学などでフランスの語学、文学、哲学を担当。二〇二〇年退職。著書に『抵抗への招待』（みすず書房）、『償いのアルケオロジー』（河出書房新社）、『応答する力』（青土社）、『主権のかなたで』（岩波書店）、『ジャッキー・デリダの墓』（みすず書房）、『まつろわぬ者たちの祭り』（インパクト出版会）、『テロルはどこから到来したか』（インパクト出版会）、『いくつもの砂漠、いくつもの夜』（みすず書房）等。訳書にジャン・ジュネ『シャティーラの四時間』（インスクリプト、共訳）、『恋する虜――パレスチナへの旅』（人文書院、共訳）、ジャック・デリダ『ならず者たち』（みすず書房、共訳）等。

一　シオニズム、暗殺の百年

二〇二四年七月三一日にイランの首都テヘランで起きたハマースの最高幹部イスマイール・ハニーヤの殺害がイスラエルの犯行であることは疑う余地がない。パレスチナ人の指導者は、パレスチナ解放機構（PLO）が闘争の中心だった時代から、いったい何人殺されてきただろう。ハマースの創設者のアフマド・ヤースィーン師も、二〇〇四年、イスラエルのミサイル攻撃で殺された。大詰めの交渉のさなかに相手方のトップに手をかけたのもこれが初めてではない。自治政府大統領ヤーセル・アラファートの急死（二〇〇四年）も、彼がパレスチナ人の帰還権の放棄を拒否したために毒殺されたことは確実だ。一九八八年、第一次インティファーダのさなかにチュニスで殺害されたPLO幹部のアブー・ジハードをはじめ、第三国の領土内でモサドの工作員は、拘束も処罰もされずに暗殺作戦を決行してきた。

イスラエル建国の起源にも暗殺があった。一九四九年一二月、世界人権宣言の翌日に採択された国連決議一九四号は、前年からの戦争中に故郷を失ったパレスチナ人の帰還の権利を承認した。パレスチナ解放闘争の国際法上最大の根拠はこの決議である。ところが、この決議の採択に最大の貢献をした国連調停官のフォルケ・ベルナドッテは、この年の九月にユダヤ人の極右団体のメンバーの手で、エルサレムで暗殺された。一九四五年までスウェーデン赤十字副総裁の立場で、ナチスの収容所からのユダヤ人救出に奔走していた人である。この暴挙を策定した人物は、後年イスラエルの首相となるイツハク・シャミールである。

シオニズムの歴史は暗殺の歴史である。そして今年は、シオニストによる最初の計画的殺人として記憶されている事件の一〇〇周年に当たる。その犠牲者がユダヤ人だったことは偶然ではない。当時ユダヤ人のあいだで少数派だった政治的シオニストは、ユダヤ人の「邪魔者」をまず消さなければならなかったからである。

ヤコブ・デ・ハーンは一八八一年、オランダのスミルデで、敬虔なユダヤ教徒の家庭に生まれた。思春期に信仰生活を離れ、弁護士として内外の人権問題に取り組むかたわら作家活動に入る。そして詩『一人の若い漁師へ』などの著作によって、オランダ語のゲイ文学の草分け的存在となる。オランダ文学史上でも、同国の同性愛者解放運動史上でも、デ・ハーンは非常に重要な存在だが、その彼は同時に、シオニズムによる暗殺の最初の犠牲者となる運命を背負ってもいた。

ユダヤ教との接点を再び見出した彼はシオニズムに共鳴、一九一九年にパレスチナに移住する。しかし、現地の入植活動の粗暴な実情を目の当たりにして反シオニズムに転じ、ユダヤ教超正統派に加入してエルサレムの大ラビ、ヨーゼフ・ハイム・ゾネンフェルトと協力関係を結ぶ。ソ連時代のロシアに生まれてカナダに移住したユダヤ教徒の歴史家ヤコヴ・ラブキンは、近著でデ・ハーン暗殺事件に次のように触れている。

一九二四年、シオニストはユダヤ人の弁護士ヤコブ・デ・ハーンを暗殺しましたが、それは彼が、当時大半が反シオニストだった超正統派と、アラブ人の名望家の間の協力を促進したという

「罪」のためだったのです。デ・ハーンの目的は、シオニストは活発だが少数派に過ぎないことをイギリス当局に示し、パレスチナに「ユダヤ人の民族的郷土」を創建するという計画を、イギリス政府に破棄させることでした。デ・ハーンはシナゴーグから出てきたところを射殺されました。この暗殺がパレスチナにおける政治的テロリズムの幕開けになりました。[1]

同性愛絡みの事件ではないかなどの憶測が飛び交うなかで真相はうやむやになり、この暗殺の動機や暗殺者の身元が明らかになったのはイスラエル建国のはるか後、一九七〇年代である。

パレスチナ難民キャンプに生まれたイスラーム主義の政治指導者、スウェーデン貴族の人権活動家、オランダ・ユダヤ人のゲイ作家の間に共通点を見出すことは難しい。しかし、殺す側の論理は一貫している。一九九五年、オスロ合意を受諾したイスラエル首相イツハク・ラビンの暗殺犯イガール・アミルのように、イスラエル政府の指令を受けていない場合も含め、政治的シオニズムがなぜこれほど確信的に人の命を奪うことができるのか、その理由が問われなければならない。そして、その残酷な思想を解体するために何が必要か。どれほど困難であろうと、イスラエルのユダヤ人はこの問いに応えなければならない。暗殺なくしてイスラエル国家は生まれなかった。そして存続することができない。だからこそいま、平然とジェノサイドを続けているのである。

二　死の瞬間を発信する

このジェノサイドのなかで、殺されている側はどのように殺されているのか？　殺され方に人生最後の所作を、どのように刻もうとしているのか？　そんな問いが許されるだろうか？
「今回のガザの虐殺で初めて起きたのは、人々が自分の死の瞬間を発信していること」
六月上旬、別れ際のDの一言が頭から離れない。一九八〇年代の留学期に、第一次インティファーダ開始直後のパレスチナ連帯行動のなかで、当時在仏パレスチナ学生連合の代表だった彼女と、私は初めて顔を合わせた。三〇年以上の時間が流れ、パレスチナは今、土地も民も壊滅の淵に立たされている。

ガザの住民の多くがスマートフォンを所持している。イスラエルによる破壊と殺戮を時々刻々記録している。そして、ほぼリアルタイムで外部世界に発信している。私たちはその映像に日々接している。

自分が間もなく確実に殺されることを知りながら、未来への遺言を書き記す詩人もいる。リフアト・アルアライールの作品「わたしが死ななければならないのなら」は、この時代、この蛮行、この悲劇の不滅の文学的証言として、すでに全世界に知れ渡っている。その彼は、二〇二三年一二月六日に命を断たれた[2]。

私たちのもとにかろうじて届けられたこうした言葉や映像と隣り合わせに、より私的なメッセージが、ガザの外にいる親族や友人に向けて、日々膨大に発信されていることは想像に難くない。そのなかには、もうメッセージの形をなさない、発信者自身の死という出来事を伝えるだけの、破壊の音響と映像が無数にある。

私の遺体はおそらく見つからないだろう。たとえ見つかっても同定するすべはないだろう。だからせめて私の死の瞬間を届けたい。その意志だけを、あなたに、お前に、君に、愛情、友情の最後の証として送りたい。受信者のスマートフォンに記録されたこうした証が、パレスチナと離散の地を横断して集積されている。それが彼女の民族の集団的経験の過ぎ去らない現在なのだ。Dはそのことを私に伝えようとしたのではなかったか。

昨年一〇月七日のガザのパレスチナ武装勢力による越境攻撃と、イスラエルによる報復軍事作戦「鉄の剣」の開始以来、私は二度パリを訪れた。街頭行動に参加する機会も数回あり、若者が中心の運動の活力を目の当たりにした。今回はまず六月一日、雨中のデモだった。

一一年前、極右分子に殺された若いアナキスト活動家クレマン・メリクの追悼集会がこの日の呼びかけの発端だった。パレスチナ関連の諸団体や左派政党がそれに応えてこの日の結集になったようだ。ヌーヴェル・カレドニの独立派先住民も参加していて、諸闘争の交差、新たな政治主体形成の坩堝(るつぼ)と化していた。

フランスの極右勢力は、いまや挙ってイスラエルを支持している。昨年一一月一二日、反ユダヤ主義に反対するという名目で行われた事実上のイスラエル支援デモで、参加が認められた極右政党国民連合(RN)の隊列に、ユダヤ至上主義団体ユダヤ防衛同盟が護衛についた。アメリカで禁止されているこの団体はフランスでは合法、そしてアンティファの打倒対象である。現代フランスの反ファシズム運動とパレスチナ連帯闘争は、こうして深く結合するに至った。

三　最後の戦争？

この状況下で、パレスチナ人固有の視点からの事態の分析に触れる機会は、西側諸国の大衆向けメディアではきわめて稀だ。カタールに本拠を置く衛星放送アルジャジーラの日々の報道や、YouTube にアップされ記録された膨大なアーカイブを含めても、管見に触れたその数はけっして多くない。パレスチナ解放闘争史のなかで、イスラエルとのもっとも長期間の直接的な消耗戦を闘い抜いている中心勢力が、いまやPLOではなく、ムスリム同胞団系のハマース主体の武装組織連合であるという事情が、大半が世俗的な思想文化のなかで自己形成したパレスチナ人知識人にとって、虐殺を糾弾し即時停戦を要求することを超えて、独自の立場や提案を表明したり、分析の角度を適切に設定したりすることを、ことのほか困難にしているのだろうか。

そのなかで、パレスチナの元ユネスコ大使で歴史家のエリヤス・サンバールは、ネットメディアにたびたび登場し、長年の経験と知識に裏打ちされた貴重な介入を行っている。彼もまた、私がかつて出会いに恵まれたパレスチナ人の一人である。一九八二年のイスラエルのレバノン侵攻のさなか、ベイルートで起きたパレスチナ民間人の大虐殺事件の証人となったジャン・ジュネのエッセイ『シャティーラの四時間』の翻訳許可を得るために、当時『パレスチナ研究誌』の編集長だった彼に手紙を送ったことが、その後の仕事の出発点になったからである。『「最後の戦争？」──パレスチナ、二〇二三年一〇月七日－二〇二四年四月二日』というタイトルの彼のパンフレットは、ガリマール社の「トラクト（ビラ）」シリーズの一冊として、今年四月に刊行された。四〇頁余りの小冊子、三・九〇ユーロという廉価版なので、手に取った人も多いのではないかと思う。その後半、今後の展望が論じられている箇所を見てみたい。

仮に停戦が実現したとして、イスラエルとパレスチナの交渉はその後、どのようなものになるだろう。サンバールは一九九一年に開始され、翌々年のオスロ合意に行き着いた和平交渉にかかわっていた。この点で彼は、その後の事態の展開に対し、一定の責任を自覚している。その経験を踏まえ、「和平プロセス」はなぜ破綻したのか、まずその理由を問い直す。

彼によれば、問題は米国が設定した交渉手続きにあった。自治政府を取りあえず発足させたうえで、エルサレムの帰属、入植地、帰還権、水資源の管理といった「厄介な」問題は、「五年の暫定期間」の課題として交渉が先送りされたのである。この期間に入植地は一挙に拡大し、その防衛を口実に分離壁が張り巡らされた。ヨルダン川西岸は、イスラエルとの関係が異なるＡＢＣ三地区への分割によって、自治政府の領域支配ができないように細分化された。治安と徴税に関しては、イスラエルに全権が委ねられた。二国家解決の「漸進的実施」を唱える米国政府の姿勢には、今日もこの点で、何の反省の跡も見られない。

サンバールは発想を逆転する必要を強調する。再交渉の開始前に、パレスチナ国家が全交渉当事者によって承認されること。占領者であるイスラエルに無際限の策動の余地を与えるような、倒錯的なロードマップから手を切ること。二国家解決をなお語ろうとするのであれば、それが大前提にならなければならない。そのためには米国をはじめとするイスラエルの西側友好国が圧力をかけて、パレスチナ国家の承認を受け入れさせる責任を負う必要がある。この方向での検討を、サンバールはしかし、あっさり放棄する。「だが……夢を見るのは止めよう。」

四　イスラエルは変わるか？

イスラエルが受け入れ可能な解決を探ることは、パレスチナ国家承認拒否の国会決議まで上げている以上もはや何の意味もない。イスラエルの殺戮の手を縛り、パレスチナ人の民族自決権を認めさせるために、内外からどのような圧力を加えるか、問われているのはそれだけだ。そのためには、イスラエル国内に、これまでとは質と規模の異なる反戦運動が芽生えなければならない。アルジェリア戦争期のフランス、ヴェトナム戦争期の米国と同じように、被抑圧民族の不抜の抵抗、侵略国の国際的孤立、そして国内における異論の広がりが、歴史的力関係のラディカルな転倒のための不可欠な条件である。

交渉が米国主導で再開され、同じ目標、同じ交渉手法が強要されるなら、持続可能な平和構築の展望は開けない。そもそも米国の立場は三〇年前と同じではない。控えめに見積もっても四万人のパレスチナ人の命を奪った一〇カ月の侵攻作戦は、国連安保理における米国の拒否権発動、切れ目のない武器供給なくしては遂行されなかった。米国はいまや明白なジェノサイドの共犯者であり、和平交渉を主導する資格はない。

そうしたなか、米国への依存をかつてなく深めるイスラエル社会に、どのような亀裂が生じる可能性があるか。サンバールは慎重に現状を診断する。

現在まで、イスラエルは戦争に勝てていない。その首相、その指導者たちは、戦果に乏しい五カ月の軍事作戦の果てに勝利を予告するほかなくなっている。勝利は確実に、間違いなく来るはずだが、それは絶えず手から逃れていく。

パレスチナに対する初めての消耗戦、二〇二三年以前の電撃的な、少なくとも短期の紛争はもう過去のものだ。イスラエルの軍隊と社会はあまりにそれに慣れてしまったので、戦争は短いものという観念が染みついている。

自国の生存を防衛しているのだという確信で一体化しているこの国に、無力感が、まだ感じ取れないけれども、生まれる可能性がある。それが反戦運動の出現につながるかも知れない。それはまだ日程に上ってはいない。だが、いまはまだ孤立したいくつかの兆候が、イスラエル人の不信と懐疑が、ラディカルな問い直しに変わる可能性を告げている。

さもなければ、出口のない戦争、軍隊の損失の増大、すでに明白に認められる経済的、社会的コスト、政治的、道徳的なイスラエルの全面的孤立、その重い代償を、回避できる者は誰もいない。[3]

軍事力、殺傷能力に過度に依拠したイスラエルの安全保障戦略は、いまや明らかな限界にぶつかっている。圧倒的な力の優位に立ってパレスチナ人を殺せば殺すほど政治的勝利は遠のいていく。自分の政治生命だけに固執するネタニヤフ、占領地併合、民族浄化を神の名において正当化する極右宗教政党所属の閣僚たちはそのことを見ない。ここに深い、無意識の集団自殺への傾斜を認めるべきかどうか。意外に思われるかも知れないが、その可能性が一部で問われ始めているのである。マルセイユを本拠とするアナキスト系新聞に掲載されたインタビューでは、サンバールはそれを示唆する方向に半歩踏み出している。

五　サムソン・シンドローム

サンバールが注目するのは『サピエンス全書』の著者、歴史家、人類学者のユヴァル・ノア・ハラリの発言のなかに、サムソン・シンドロームに触れた部分があることだ。

聖書でサムソンは彼自身の神殿を破壊し、敵の上に崩れてきた建物の下敷きになって自分も生き埋めになります。かなりのイスラエル人が、政府は自分たちをある種の集団自殺に追い込むのではないかと心配しています。[4]

実際のところ、イスラエルの国際的孤立は今の段階でどれほど深刻なのか。ヤコヴ・ラブキンもサムソンのエピソードを取り上げている。具体的にはそれは、四面楚歌に陥ったイスラエルが、ガザ、あるいはイランに対して、核兵器を使用する可能性である。

この黙示録的シナリオはあまりありえそうにありません。イスラエルは西洋の指導者層ばかりでなく、グローバルサウスの多くの国も支えとしています。少数の富裕層と多数の貧困層の格差は世界中で広がる一方ですが、そのことがイスラエルをなくてはならない国にしているのです。イスラエルの軍事産業、監視技術産業は、すべてパレスチナ人を実験材料にして何年もテスト済みの、精巧な住民監視手段の供給元です。装備とノウハウを兼ね合わせたこれらの手段に対する需要は、既成秩序を揺るがしかねなくなりつつある、経済的、社会的分極化の拡大のために増大しています。指導者層はどこでも市民の抵抗を弾圧する必要があるでしょうし、この領域でのイスラエルの専門知識が、一〇月七日の敗走で評判を落としたとはいえ、引く手数多であることに変わりはありません。[5]

世界各地でパレスチナ連帯の声が上っているが、世論調査が示すところでは、どの国でも収入が高い層ほどイスラエル支持者が多い。新自由主義的な世界経済のもとで極端化した富の偏在が、イスラエル・パレスチナ紛争の見方を左右しているのである。民衆反乱に脅かされた各国の支配層は、パレスチナ人を強権的に屈服させるために手段を選ばないイスラエルのなかに、自分自身の姿と頼もしい同盟者を見ている。イスラエルは自国のセキュリティ産業に対する彼らの依存を当てにできる。グローバルサウスの民衆のガザのパレスチナ人に対する共感が、イスラエルに対する圧力にただちに結びつかないのはそのためだ。

とはいえ、南アフリカ共和国が国際司法裁判所にイスラエルをジェノサイドの罪で提訴したこと、また中華人民共和国の仲介で長く分裂してきたパレスチナ諸組織の和解が北京で実現したことは、歴史的に〈南〉に属してきた諸国のこの紛争に対するアプローチが、これまでとは異なる性格を帯びつつあることも示しているだろう。

六　シオニズム VS ユダヤ教

おそらく長期的にもっとも重要な変化は、ディアスポラのユダヤ人がヘブライ国家に対しはっきり距離を取り始めたことだ。米国では二〇二三年一〇月半ばから平和団体「平和を求めるユダヤ人の声」の呼びかけで、連邦議会やニューヨーク中央駅の占拠闘争、エリス島の自由の女神でのキャンペーンなどが数千人規模で展開された。パリで私が参加したデモには、「平和を求めるユダヤ人の声」と連携する「平和を求めるフランス・ユダヤ人連合」のほか、フランス＝イスラエル二重国籍保有者の隊列もあった。前者は長年の確信的な反シオニスト団体であるのに対し、後者はガザ事態のあまりの酷さに胸を痛め、黙っていられなくなって街頭に降りた人々の集まりである。

現在ドイツで起きている事態はいっそう注目にあたいする。ドイツにはほぼ二〇年前から、イスラエルからの移住者を中心に、新たなユダヤ人コミュニティが発展していた。また西ドイツ時代から、ヨーロッパ諸国中最大の人口規模のパレスチナ人移民労働者が働いてもいた。こうした事情で、ガザ即時停戦を求めドイツ政府の虐殺加担に抗議するデモは、アメリカのいくつかの都市と並んで、パレスチナ人とユダヤ人が世界でもっとも多くともに参加する街頭行動の一つになった。ラブキンはそこで起きている事態に注目する。

超正統派のユダヤ教徒は、全世界で、パレスチナ人を支持するデモに積極的に参加しました。二〇二三年から二〇二四年にかけての冬、ドイツで逮捕されたパレスチナ支持のデモ参加者の三分の一がユダヤ人でした。

見当違いも甚だしいことに、これらのユダヤ人は反ユダヤ主義という非難を受けています。さらに見当違いなことに、同じ非難が黒いフロックコートを着た反シオニストの超正統派のユダヤ教徒にも投げつけられているのです。すべてのユダヤ人の国家だというイスラエルの主張がユダヤ人を不名誉と危険に晒しているのであり、それに対してパレスチナ人を支持する大勢のユダヤ人こそが、世界の人々の眼にはユダヤ教を復権しているのです。[6]

ガザ虐殺の開始以来イスラエルを離れたユダヤ人の数は、正式の統計はないが、十万人を下らないと言われる。二〇二四年七月に米国を訪問したネタニヤフの連邦議会演説の当日、正統派ユダヤ教徒が開いた巨大な集会では、ネタニヤフをユダヤ史上最悪の指導者と断じ、ユダヤ人と世界にヒトラーと同等の害を及ぼしかねないと警告した。[7] 反シオニズムが一貫してユダヤ史の重要な潮流だったことを無視し、この分岐の意味を深く考えようとしない米国をはじめとする西側諸国の指導者は、彼らこそが先祖伝来の反ユダヤ主義に依然囚われていることを露呈しているのである。

七　今日のガザは……

二〇二四年三月末に訪れた沖縄では、「今日のガザは明日の沖縄」というスローガンの是非をめぐって議論が起きていた。パレスチナ問題では政治における類比の機能が鋭く問われる。ナチスドイツを悪の鏡として、イスラエルもパレスチナも、そこに相手の姿を投影してきたからである。「ガザ」は今、このフレームの外で、過去の、現在の、そして未来の、民衆生活のいくつもの壊滅を写し出し始めている。ヤコヴ・レブキンの近著では、著者の出身地であるレニングラード（現セントペテルブルク）が、一九四一年九月からほぼ九〇〇日にわたり、ナチスドイツとそのヨーロッパの同盟諸国の軍隊によって包囲され、凄まじい飢餓に見舞われた歴史がガザ封鎖と二重写しに想起されている。

沖縄で生まれた類比が、「今日のガザ」が「昨日の沖縄」、あの沖縄戦の惨禍を想起させるがゆえに考案されたことは言うまでもない。パレスチナと沖縄だけでなく、「昨日」と「明日」が合わせ鏡になっている。そして「明日」沖縄が再び戦火に包まれるなら、その責任は今からすでに、第一に「昨日」の戦争責任にいまだ向き合おうとしない日本、沖縄を捨て石とみなす戦略構想を公言して憚らない米国、そしてこの両国ともども現在もイスラエルを支え続けている西側諸国に求められることが示唆されている。どれほど中国の脅威を叫ぼうと、南西諸島の軍事化は旧来の帝国主義の論理を一歩も出ない。西洋植民地主義の論理で殺戮を続けるイスラエルと、要するに同じ時代に属しているのである。

パリの街の壁には、観光客による拡散を狙ったものだろうか、以前より英語のグラフィティが増えた。なかでも特に心に残ったのは、「ガザが燃えればパリも燃える（If Gaza burns, Paris burns）」という言葉である。「パリが燃える」というのは、連帯運動の高揚を意味しているのだろうか。闘争のスローガンであればこの解釈になるが、あまり適切な言葉の使い方とは言い難い。このグラフィティはスローガンではなく、予言として記されたのではないだろうか。重慶が、ゲルニカが、一九三〇～四〇年代に、世界を包む恐るべき惨禍の始まりだったように、今ガザの火を消せなければ、あの時代と同じように早晩パリも燃える。直視しよう、パレスチナの未来は世界の未来であることを。

（二〇二四年八月二〇日）

注

1 Yakov Rabkin, *Israël et la Palestine – rejets de la colonisation sioniste au nom du judaïsme*, Editions i, 2024（ヤコヴ・ラブキン『イスラエルとパレスチナ―ユダヤ教は植民地支配を拒絶する』、鵜飼哲訳、岩波ブックレット、近刊）

2 リフアト・アルアライール「わたしが死ななければならないのなら」、松下新土・増渕愛子訳『現代詩手帖』、二〇二四年五月号。

3 Elias Sanbar, «*La dernière guerre ?*» - *Palestine, 7 octobre 2023-2 avril 2024*, Gallimard, 2024.

4 Elias Sanbar, « Nous ne sortirons pas de scène ! » in *CQFD*, n° 230, mai 2024.

5 Rabkin, *op.cit.*

6 *Ibid.*

7 志葉玲「ユダヤ団体がイスラエルを猛批判、『ナチス国家』『ネタニヤフは現代のヒトラー』」『志葉玲ジャーナル――より良い世界のために』、二〇二四年七月二九日。

パレスチナの「解放」はあり得るのか

太田昌国

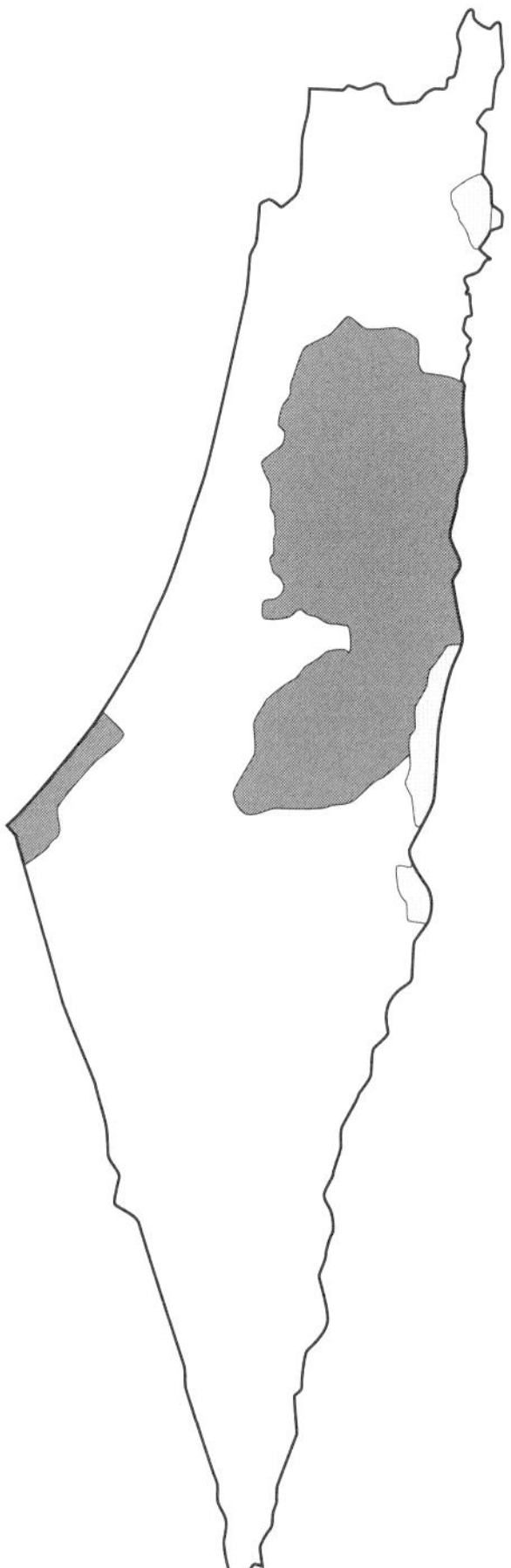

太田昌国（おおた・まさくに）

一九四三年、北海道釧路市生まれ。六〇年代の社会運動の高揚の中で『世界革命運動情報』誌（レボルト社）の編集・刊行に関わる。そこで得た問題意識を元に七〇年代なかばの数年間をラテンアメリカ諸地域に暮らす。帰国後、人文書の編集業の傍ら、ボリビアの映画集団ウカマウ作品の自主上映と共同制作に関わる。著書に『鏡としての異境』（影書房）、『チェ・ゲバラ　プレイバック』（現代企画室）、『暴力批判論』（太田出版）、『新たなグローバリゼーションの時代を生きて』（河合文化教育研究所）、『［極私的］六〇年代追憶』（インパクト出版会）、『増補決定版「拉致」異論』（現代書館）、『現代日本イデオロギー評註』（藤田印刷エクセレントブックス）など多数。

1

個人史を顧みるところから、この文章を書き始めたい。一九五〇年代末から六〇年代初めにかけて、一〇代後半の年齢だった私に、キューバ革命、ブラック・アフリカ諸国の独立、アルジェリア独立など、眼前で展開する「第三の世界」の社会革命の鼓動を感じ取ることの楽しさを教えてくれたのは、当時読んでいた北海道新聞の一面コラム「卓上四季」の筆者・須田禎一だった。ロマンティシズム溢れる彼の文章は、当時の世界を二分割して支配する米ソのような超大国とは一線を画した新興国の、独立や民族解放に向けた動きを活写していて、大いなる刺激を受けた。

二〇代に入って、その初発の関心を深めてくれたのは、作家・堀田善衛の二つの論文だった。「アジア、アフリカにおける文化の問題」（鈴木道彦と共同執筆、岩波講座「現代」10『現代の芸術』所収、岩波書店、一九六四年）と「第三世界の栄光と悲惨について」（「現代人の思想」17『民族の独立』解説、平凡社、一九六八年）である。前者は、まだ翻訳されていなかったフランツ・ファノン（一九二五～六一）の『地に呪われたる者』の祖述的な紹介であり、後者はこれまた未紹介のラス・カサス（一四七四～一五六六）の『インディアス破壊に関する簡潔な報告』の内容を詳述するものだった。すぐにも読みたいと思い、前者の、とりわけ関心を持った第一章「暴力」の部分は自分で英語訳から重訳して、当時関わっていた雑誌『世界革命運動情報』（レボルト社）で紹介した。後者は友人の国会図書館司書に懇願して書庫からスペイン語原書を取り出してもらい、コピーを取って読んだ。民族解放、独立、植民地主義の終焉など——明るい未来を予感させる響きをもつ語句を通して、新しい時代に向き合っているつもりであった私は、植民地主義の初原にあった暴力・大量虐殺・性的暴行・迫害・差別・搾取・資源略奪・強制・奴隷化・土地取り上げ……などの事態に、過去に遡って相対することになった。それまでの学校教育・社会教育の中で植えつけられたヨーロッパ中心主義の歴史観と世界像に疑問を感じたからこそ、私の裡には「第三の世界」に対する関心が沸き起こっていたのだが、それにしても、ヨーロッパ近代の裏面に隠されていたこの歴史的現実には、打ちのめされる思いだけが残った。

ヨーロッパによる異世界の植民地化の起源を問うならば、一五世紀末のコロンブスの「大航海」と「地理上の発見」に続いて行われたアメリカ大陸の征服（コンキスタ）の時代と答えるのは、今や常識化していると言えよう。現在から振り返ればおよそ五〇〇年前に行われたその征服の有り様をラス・カサスは——もともとは征服者（コンキスタドール）として彼の地へ赴き、キューバ島などでは征服戦争にも参画し、その功あって先住者・インディオの村落と住民を自由に使役してよいエンコミエンダ制度の「恩恵」に与り、植民者として開拓事業にも関わるなどの経験を積んだうえで、先住民族に対するスペイン人の仕打ちのあまりの酷さを自覚したがゆえに——、次のように描いたのである。

あの広大な大陸部のことについて述べてみよう。わが同国人たるスペイン人が残虐にも凶悪な手口を用いて住民を死滅させ、自然を破壊してきたために、いまやこの一帯もまた荒蕪の地となっているが、かつてはそこに理性を具えた人々が多数暮らしていたことを私たちははっきりと証言できる。(……)このうえなく確かで真正なこととして次のことを陳述する。この四〇年の間に[カリブの島々と大陸部において]いっさいの法を無視したキリスト教徒の忌むべき事業のおかげで、大人と子供を合せて一二〇〇万人以上の人々が不当にも残虐なやり方で殺されたのだ。いやその数は一五〇〇万人を下らなかったといってもおそらく間違いはなかろう。彼の地インディアスへ渡った人々は表向きはキリスト教徒を自称しておきながら、その実、地上からあの不幸な諸民族を徹頭徹尾根絶やしにするという[キリスト教徒にあるまじき]仕事にとり組んだのだ。その際、彼らは二つの主要なる方法を採り入れたが、それらはどの地域にあっても例外なく用いられたものである。ひとつは相手住民に戦争を仕かけることであり、それは不正かつ残忍な血なまぐさい暴虐な戦争に他ならなかった。いまひとつは、彼らは住民を、これまでどんな人間も、いや獣さえも経験したことのない苛酷で逃れようもない恐るべき奴隷状態におとしいれて苦しめることであったが、このとき奴隷とされるものといえば女子供と決まっていた。首長をはじめその他の成年男子は例外なく自由にあこがれ、なんとかしてそれを手に入れようと諦めず、あくまで現在の苦境から脱却しようとする望みを捨てないので、大概の場合は、スペイン人はまず彼らを皆殺しにしておいて残る女子供を頤使しようとしたわけである。ほかにも、あの無数の住民たちを絶滅させるにあたって、いろいろさまざまな方法が導入されたが、それらのすべてを類別すれば、結局は、以上のべた二つの方法、あの悪逆無道なやり方にゆきつくのであり、すべてがこれら二つに集約されるのだ。

（ラス・カサス『インディアス破壊を弾劾する簡略なる陳述』、石原保徳訳、現代企画室、一九八七年）[1]

ラス・カサスより四〇〇年有余後世の時代に生きたフランツ・ファノンは——カリブ海のフランス領マルチニック島に生を享け、第二次大戦では自ら志願してフランス軍に参加して戦い、白人女性と結婚し、精神科医として赴いたフランス領アルジェリアでフランスに叛逆するその地の独立革命（一九五四〜六二）に投企するという、これら一連の事態の中をコロン（植民者）とは対極の位置にある「原住民」として生き抜いた自らの経験に基づいて——、次のように書いている。

植民地世界はマニ教的善悪二元論の世界である。コロンが物理的に、すなわちその警察と憲兵の助けで、原住民の空間を制限するだけでは充分でない。あたかも植民地搾取の全体主義的性格を明らかにするためでもあるかのように、コロンは原住民を一種の悪の精髄に仕立て上げる。原住民社会は、単に価値なき社会として描かれるだけではない。価値が原住民世界を捨て去ったと言い、あるいはいまだかつてそこに価値があったことはないと言ってさえも、コロンには充分でない。現地人は倫理を透さぬ存在、価値の不在、さらには価値の否定であると宣告される。あえて言おう、現地人とは価値の宿敵だ。その意味で、絶対的な悪なのだ。それに近づく一切のものを破壊し腐蝕する分子、美や道徳に関係のあるいっさいのものを変形し歪曲する不吉な力の所有者、盲目的な暴力の無意識的かつ回収不能な道具だ。

（フランツ・ファノン『地に呪われたる者』、鈴木道彦・浦野衣子訳、みすず書房、一九六九年）

2

堀田善衛の論文を読んだのとほぼ同時期に、私は、ラス・カサスとフランツ・ファノンの二人に言及した別人の論文も目にしている。私がその文章を愛読していたドイツ（当時の西ドイツ）の作家・詩人、ハンス・マグヌス・エンツェンスベルガー（一九二九〜二〇二二）の手になる「ラス・カサス、あるいは未来への回顧」である。これは、ラス・カサスの前掲書ドイツ語版の刊行に際しての「解説」として執筆されたものだ（インゼル叢書、一九六六年）。世界史的な関連性があるのか、それとも偶然に過ぎないのか、世界大戦における敗戦国同士であったドイツと日本の双方で、敗戦から二〇年前後を経た同じ段階で、ラス・カサスとファノンの言説に対する関心の高まりが見られたようだ。

エンツェンスベルガーの読み方の深さを感受するためには、論文そのものを読んでいただく他はないが、ここでは、本稿の趣旨からいって、末尾の文章を引用しておきたい。「平和な植民地などというものは存在しないのだ。ことばと犂（すき）ではなくして、剣と火によってのみ、植民地支配は根づくことができるものなのだ」という言葉に続けて、彼はこう書く。

バルトロメ・デ・ラス・カサスは改良主義者ではなかった。今日、貧困の世界を支配している新植民地主義は、かれに味方になってもらうことはできない。暴力如何という決定的な問題では、ラス・カサスは動揺しなかった。抑圧された諸民族は、かれ流のことばで言うと、「理性的で、正義を愛する人間なら、すべてが正当な理由があると認める、正当な戦い」を行うものだ。このたたかいは、我々の眼前でくりひろげられる。ベトナムでの戦争はその見本である。ラス・カサスがはじめて記述した、富裕な民族が貧しい民族に対して行う支配が、そこでは実演されている。我々が毎朝、新聞受けに見出す見出しは、インディアスの破壊が、今日もなお進行中であることを証明している。一五四二年の『簡略な陳述』は、我々自身の未来へのふりかえりである。

（前出、現代企画室版ラス・カサスの書に、田中克彦訳で収録[2]）

エンツェンスベルガーがこの論文を書いていた当時、米軍は北ベトナムに猛爆撃を行い、南ベトナムに巨万の軍隊を派兵して、貧しい国の人びとを殺傷し国土・自然・インフラを破壊する爆撃・虐殺・ナパーム弾の投下を繰り返していた。日本はその米軍の軍事行動のための重要な基地だった。一〇年後の一九七五年、米軍が軍事的に敗北し、侵略の軍隊の撤兵に追い込まれてから半世紀を経たいまなお、ベトナムの人びとと大地は、この戦争で被った深刻な被害の苦しみから解放されているわけではない。

植民地主義はその起源から数えると、人類史の中ですでに五世紀以上の歴史をもっていることを、すでに確認した。欧米列強による、そしてアジアでは日本による植民地支配を強いられたそれぞれの時代と地域に、ラス・カサスやファノンのようにほぼ同時代に、あるいはエンツェンスベルガーのように後世になってからでも過去を参照しながら、そこで起こっていること／起こったことを記録し、報告し、人びとが記憶に刻む手立てを提供する年代記作家とでも言うべき人がいるならば、歴史がどれほどまでに犠牲者たちの阿鼻叫喚に満ち溢れているものであるかを私たちは知ることになるだろう。多くの場合、そのような記録者は、いつ・どこにあっても確実に存在しているのだが、勝者の書く歴史物語が常に大手を振って罷り通る人間の社会にあっては、その声は主流にはなれず、広く社会に行き渡ることが阻まれてしまう。

この問題を現代に引きつけて考えるために一例を挙げてみる。現在私たちは、眼前に展開するウクライナ戦争とガザにおけるイスラエル軍によるジェノサイドに大きな関心を寄せている。そのこと自体は当たり前のことだが、ここではあえてその直前の二〇〇一年から二〇二一年までの二〇年間に及んだ「対テロ戦争」の時代を思い起こしてみる。この戦争の最大の当事国＝米国に、ブラウン大学ワトソン国際公共問題研究所がある。「研究・教育・公共への関わりを通して、公正で平和な世界を推進したい」という理念をもつ研究所である。[3] その中に「戦費プロジェクト」（Costs of War Project）という研究部門があり、米国が主導する戦争における犠牲者数と戦費をめぐる統計を随時報告している。日常的な研究の姿勢と方法から見て信頼しうると私が考える数値を、二〇二三年五月に同研究所が公表したデータに基づいて紹介してみる。

対テロ戦争（二〇〇一〜二〇二一）での戦闘による死者＝九二万九〇〇〇人（内訳は、アフガニスタン＝一七万六〇〇〇人／パキスタン＝六万六〇〇〇人／イラク＝二七万五〇〇〇人〜三〇万六〇〇〇人／シリア＝二六万六〇〇〇人／イエメン＝一一万二〇〇〇人／その他＝八〇〇〇人／米軍兵＋傭兵＝一万五〇〇〇人）。

他方、戦争がもたらした経済の破綻・医療インフラの崩壊・環境汚染・住民のトラウマと暴力などによる間接的な死者数は三六〇万人から三七〇万人と推定される。つまり直接的ならびに間接的な理由による「対テロ戦争」の犠牲者数は二〇年間で四五〇万人から四六〇万人に及ぶが、報告書によれば「これは合理的で控えめな見積もりであり」「国民生活のインフラを破壊した紛争当事者には支援と修復を行う倫理的な義務がある。特に米国政府には重大な義務がある」。日本でも世界でも、覇権主義国家＝米国は「自由・民主主義・発動する戦争の正義性」を体現していることが自明視されているが、他ならぬ米国の足元でこのような批判的言論が機能している事実に注目しておきたい。

犠牲者の実数をできるだけ正確に推定するために、感情の高ぶりもなく淡々と記されるこの報告書のそばに、例えば、イラクの作家、アフマド・サアダーウィーの小説『バグダードのフランケンシュタイン』（柳谷あゆみ訳、集英社、二〇二〇年）を置いて、合わせて考えてみる。一九七三年バグダード生まれの作家は、米軍を主体とする有志連合軍（英・豪・西・ポーランドなど）なるものが「大量破壊兵器を隠し持つ」イラクに対する一方的な攻撃を開始して二年後の二〇〇五年のバグダードを舞台に、想像力溢れる作品を生み出した。この攻撃理由に根拠がなかったことを米国政府自らがその後認めたのだが、有志連合軍による爆撃が激しく行われたために、加えて国内諸勢力間の抗争と占領軍としてふるまう有志連合軍への「テロ」攻撃によって、遺体は街中に転がっている。ある男が街中で拾ってきた遺体の各部位を縫い繋ぎ、一人分の遺体を作り上げる。すると、その遺体には爆死した人間の魂が入り込み、命を得て動き出す。そして、理不尽な死を遂げた人びとのための復讐作戦を次々と展開するのだ。ラス・カサス、フランツ・ファノン、エンツェンスベルガー……

と読み継いできた私には、ワトソン研究所の静かな統計とイラクの作家の熱量漲る小説は両者相まって、二一世紀初頭に書かれた年代記として、継続する植民地主義の本質を暴露しているかのように思える。つまり、広い地域に跨って二〇年間も展開された現代の対テロ戦争は「インディアスの破壊が、［五〇〇年後の］今日もなお進行中であることを証明している」ものとして捉えることができるのだ。実際、ここで推定されている、年平均二〇万人有余、合計四五〇万人に上る犠牲者の数を知って、驚き・哀しみ・怒りを覚えるとともに、自らの無知・無関心を恥じない者があろうか。ニューヨーク、パリ、マドリードなど欧米の諸都市で「テロ」が起こり、死者が出ると、一人ひとりの死者は名前を持つ者として紹介され、追悼される。当たり前のことだ。それが異常なことなのではない。異常なことは、二〇年間で四五〇万人にも及んだ対テロ戦争の犠牲者の名前を、私たちが誰一人として知らず、やり過ごしてしまったことだ。地球上のある地域の戦争犠牲者は手厚く葬られるが、世界から冷たく無視されたままの地域の犠牲者が、こんなにいるのだ。加えて異常なことは、これだけの死者を生み出した最高の責任主体である米軍を、日本の自衛隊が特定地域では後方支援活動していた事実を、私たちがきれいさっぱりと忘れ果てていることだ。

3

六〇年前のベトナムでも、二一世紀初頭のアラブでも、その植民地「的」世界を一方的に攻め立てるのは超大国＝米国であった。イギリス、フランス、オランダ、ベルギーなど欧州の植民地主義国は、植民地の独立とともに、植民者＝侵略者の大半が宗主国へ戻った。その点から見ると、米国はどうだったのだろう。米国では、アフリカの民族解放闘争に刺激を受けた黒人解放運動の中で、自らを「国内植民地人民」と規定する動きが、一九五〇年代から六〇年代にかけてあった。国内少数民族への抑圧と差別は、植民地主義が国内に向けられたとする把握の方法であった。そこでは、植民地が外部に作られるという前提が崩壊している。「国内植民地」とは語義矛盾を来しており、それはもともとは外部地域であったことが忘れ去れた地域／集団であるということになる。それに該当するのが、冒頭で触れたコロンブスによる征服以降のラテンアメリカ地域であることはすぐ見て取れよう。加えて、イギリス人が一六〇七年、米大陸における最初の永続的な植民地としてバージニアにジェームズタウンを建設し、その末裔たちが一七七六年にイギリスからの独立を宣言して以降今日までを貫く米国史の本質も、この視点で捉えることができよう。明治維新の翌年一八六九年に蝦夷地を併合し北海道と改め、その一〇年後の一八七九年に琉球処分によって琉球諸島を併合した近代国家・日本の姿も、この枠組みの中に据えると、問題の在りどころが明白になる。二〇〇〇年代に入って以降、これらにカナダ、オーストラリアやニュージーランドの「建国」過程の実例を加えて、「入植者植民地主義」（Settler Colonialism）という言葉を充てた研究者は慧眼であった。過去のある時代に、先住者の居る土地に突然外部から侵入し、疑いを知らぬ先住者から歓待を受けながら、奸計と裏切りによって先住者を虐殺し、性的暴行を加え、資源を奪い、土地を取り上げ、何食わぬ顔でそこに居着いて（＝入植して）しまい、やがて先住者を排除して建国を宣言する。それ以降数世紀も経てば、彼らにとってそこはもはや外部地域ではなくなり、自分たちこそがあたかももともとそこに暮らしていたかのようにふるまうことができる。長い年月をかけたその詐術によって、民族独立・植民地解放の嵐に出食わさなかった特定の国々が、この地球上には存在していることが明らかになった。植民地主義の把握の方法をめぐって、新しい問題意識が生まれたのは必然的だった。

時はあたかも、二〇世紀末の東西冷戦構造の終焉とも重なった。戦後世界を呪縛した最大矛盾が消えることで、その下に押し込められてきた問題構造が露呈してきた。それは、民族間抗争も含めて、民族の問題をめぐって展開されることとなった。入植者植民地主義をいう問題を設定すれば、当然、それは、植民地主義の実践によって存在も歴史も「無きもの」とされてきた先住民族と向き合わなければならない。それは、二〇世紀末以降、揺るぎない世界的な趨勢となった。一九九二年は、コロンブスの大航海と地理上の発見から数えて五〇〇年目の年に当たった。私たちも東京で「五〇〇年後のコロンブス裁判」という催しを開催したが、それは、植民地主義誕生の契機となったこの出来事を、その後の五〇〇年の歴史過程を検討しながら、捉え返すことが目的だった。その後「栄華」の道を歩むことになる欧米諸国と日本の近代を植民地主義の実践過程の中で再審に付したのである。結果的には、この年、世界の各地で、共通の問題意識に基づくシンポジウム、集会、デモが行われたことがわかった。とりわけ、植民地化の嵐に最初に晒されたラテンアメリカでは、「インディオ・黒人・民衆の抵抗の五〇〇年」と捉える視点で大陸規模の集会とデモが多様に積み重ねられた。植民地化された地域の「低開発」と植民地主義を実践した欧米・日本の「繁栄」はメダルの表裏の関係にあることが、世界じゅうで同時多発的に明かされたといえよう。言葉を変えれば、近代国家を先住民族との関係性において相対化する方法が浸透したということだ。国連も、このような趨勢と無縁ではいられなかった。一九九三年から二〇〇二年までを「国際先住民年」と定めて、さまざまな動きを作り出した。

一九九一年、南アフリカ共和国でアパルトヘイト（人種隔離体制）の崩壊が始まった。国内における長年にわたる抵抗運動と、人種差別を批判し、南アフリカに経済制裁を課す国際的な世論の包囲網が相乗効果を発揮した結果と言える。一九九四年には、アパルトヘイト体制下で政治犯として囚われていたネルソン・マンデラが普通選挙で大統領に選出された。二〇〇一年、アパルトヘイトが廃絶されて一〇年後の南アフリカのダーバンで、「人種主義、人種差別、外国人排斥および関連のある不寛容に反対する世界会議」が国連人権高等弁務官主催で開催された。本稿末尾で触れることとの関連で言えば、この会議ではイスラエルによるパレスチナに対する侵略と差別をいかに認定するかで激しい論争が起こった。結局、米国とイスラエルがダーバン会議を途中でボイコットすることになり、それ以降、米国とイスラエルはダーバン会議の成果をことごとく非難し続けた。ダーバン宣言採択から三日後の九月一一日に米国で、ハイジャック機で目標物に突っ込む同時多発攻撃が起こった。一カ月後、米国は「テロとたたかう」と称する戦争を始めた。その戦争がどんな本質を持ったか、どれほどの被害を生み出したかについてはすでに触れた。

二〇〇七年、国連総会は「先住民族の権利に関する国連宣言」を採択した。[4] 賛成は日本を含めて一四三カ国。反対は、米国・オーストラリア・カナダ・ニュージーランドの四カ国であったことが「入植者植民地主義」という概念の現代的な意義を逆の側から照らし出している（その後の政権交代によって賛成に回った国もある）――以上、先住民族の存在が、その諸権利を復権・獲得する形で国際政治の前面に迫り上がってくる過程を駆け足で辿ってみた。近代以降、欧米社会で創り出された「主権」「主権国家」の概念は、欧米社会にのみ適用され、非欧米世界（＝非キリスト教世界）は排除・侵略・占有の対象であった。「先住民族権利宣言」は、「国家と先住民族との間の条約、協定及び建設的な取り決めによって認められている権利」が「国際的な関心と利益、責任の問題である」とし、先住民族の自決権を認めている。先住民族の土地とそこにある資源の不可侵性、文化的伝統と慣習を実践する権利、先住民族の土地で軍事活動を行わないなどの規定事項もある。国家主権を相対化し、先住民族との関係性においては国家主権の部分的な制限をさえ試みている。

入植者植民地主義の現代的な典型としてのイスラエル国家をこの文脈の中に置いてみる。冒頭で述べた植民地独立・民族解放の動きが沸騰する第二次大戦直後の世界的な趨勢をあざ笑うかのように、一九四八年この国は先住パレスチナ人を暴力的に追い出す形で建国された。それを、イギリスを筆頭とする欧米諸国が、自国の植民地支配責任と戦争責任をパレスチナ人の上に転嫁する形で支援した。以後七六年間、イスラエルは文字通りの入植者植民地主義を日々実践し、支配区域を拡大して今日に至る。二〇二三年一〇月以降、私たちがガザに現認しているのは、二一世紀初頭の二〇年間の「対テロ戦争」を後継していまなお続けられている「インディアスの破壊」の現実なのだ。

歴史上のいずれかの時代に植民地主義を実践した国々に住んで、パレスチナ人民と連帯しようとする人びと、つまり私たちは、植民地主義を克服することが未だにできていない自国の過去・現在を恥じて、苦い疎外感を感じる。ラス・カサスの時代と異なり、ガザの虐殺は日々報道され、それを世界中の人びとが日々現認しているのに、イスラエルのこの暴虐を即止めることのできない私たちは、不条理なこの時代の苦悩に襲われる。植民地主義の始まりを告げた「インディアスの征服」から五〇〇年――途方もない時間が経過してなお、人類はこのような段階に停滞している。同時に、見ておきたい。歴史上「無きもの」とされてきた先住民族は、抵抗の理念と実践を積み重ねることで、国家を相対化する世界的な規範としての先住民族権利宣言を獲得するに至っている。何よりも主体自らの発信と活動の積み重ね、人権意識の国際的な高まりを背景にそれを支えた国際・国内の市民社会の努力がその原動力であった。女性、子ども、老人、障がい者、少数民族、先住民族――社会的に弱い立場に置かれてきた社会層の人びとの権利を回復するための国際的な努力は、いつだって、国家（政府）から自立した市民社会の中で続けられてきた。「インディアスの破壊」以降の五〇〇年有余に及ぶ植民地主義の歴史を顧みるとき、あるかなきかの、か細い希望を秘めたそのような民衆活動の積み重ねが、ただそれだけが、次の時代を準備してきたのだ、と腹を括るしかない。

注

1 同書は、『インディアスの破壊についての簡潔な報告』（染田秀藤訳、岩波文庫、一九七六年）として日本で初めて紹介された。現在は改版が出ている。

2 エンツェンスベルガーのこの論文が日本で初めて紹介されたのは、エンツェンスベルガー著『何よりだめなドイツ』（晶文社、一九六七年）に、野村修訳で収録されたときであった。

3 http://home.watson.brown.edu/about

4 宣言の日英対訳版は、平田剛士氏の以下のウェブページを参照（最終閲覧は二〇二四年七月一日）。
http://hiratatsuyoshi.com/undrip/UNDRIP_Jpforprint.pdf

偏見と誤解の中のパレスチナ

豊田直巳

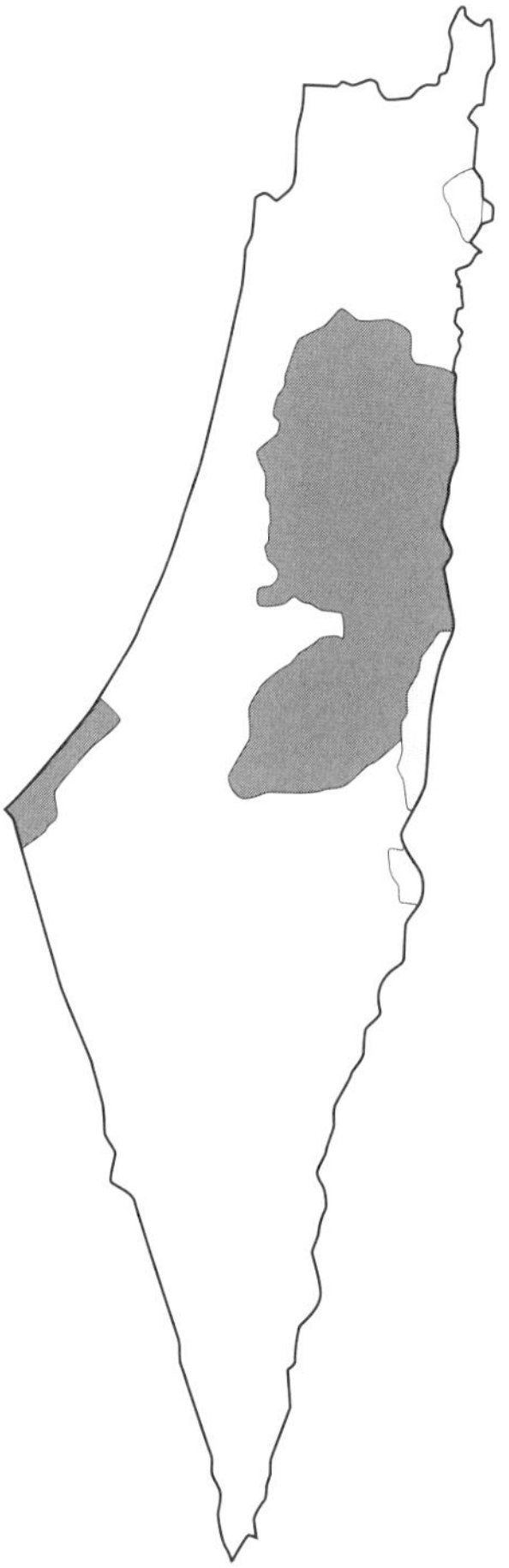

豊田直巳（とよだ・なおみ）

一九五六年、静岡県生まれ。フォトジャーナリスト、ドキュメンタリー映画監督。二〇〇三年、イラク戦争報道で平和・協同ジャーナリスト基金賞奨励賞。二〇一九年、写真絵本『それでも「ふるさと」』（農文協）シリーズで産経児童出版文化賞大賞。写真集・著書に『フォト・ルポルタージュ福島 人なき「復興」の10年』（岩波書店）、『福島に生きる凛ちゃんの10年～家や学校や村もいっぱい変わったけれど』（農文協）、『フクシマ元年』（毎日新聞社）、『戦争を止めたい――フォトジャーナリストの見る世界』（岩波書店）、『「イラク戦争」の30日』（七つ森書館）、『パレスチナの子供たち』（第三書館）ほか多数。映画に『奪われた村～避難5年目の飯舘村民』（二〇一六年）、『遺言～原発さえなければ』（二〇一三年）など。

はじめに

二〇一一年三月一一日に発生した東日本大震災に伴う東京電力福島第一原発の過酷事故から一三年を経た今、日常的にはほとんどこの原発事故被害は報道に上らない。漏出した大量の放射能の汚染は今だに続いているだけでなく、北は青森県南部から西は静岡県や山梨県の東部までの広範囲で天然のキノコや山菜の一部で出荷制限が続き、福島県から避難を続ける人々が県外に二万四六人、県内に五三七九人（二〇二四年五月、復興庁まとめ）にも上るにもかかわらず、だ。

原発から撒き散らされたセシウム137が消えるまでにはあと三〇〇年を要するという。そのあまりの長さが日常感覚からかけ離れ過ぎているからかもしれないし、放射能は、様々に可視化する試みはあっても一般には五感では知覚できないからかもしれない。福島でさえ一三年前の経験を持たない中学生以下の世代では、原発事故について話題に上らないというのだから、原発事故の被害者でも加害者でもないと思っている多くの人については何をか言わんや、であろう。

ましてやパレスチナ問題（二〇二三年一〇月からのガザ地区での大虐殺作戦がなくとも、私はイスラエル問題というべきと思うが）の発生から八〇年になろうとする今、パレスチナ人から奪った土地の上にイスラエルが建国されたという事実も、私たちの視界の外に置かれてしまうのも仕方がないことかもしれない。

しかし、私たちの視界から消えても問題は何一つ解決していないばかりか、私たちの関心が薄れた分だけより深刻になる。それはガザ地区（以下、ガザ）の人々の大量虐殺をイスラエルが続けている現実からも明らかだ。でも、虐殺は今に始まったことでないことも事実。何度もイスラエルによるパレスチナへの侵略と戦争と虐殺が繰り返されてきた。そしてそのたびに、私たちは関心を喚起された。でも、翌日には別のニュースがパレスチナの悲劇を覆うように上書きして報じられ、同情も共感も日常生活の中に埋没していったのだ。

この半年余の間に繰り返しテレビや新聞、インターネットのニュースが報じ続けたために、ガザの名前を覚えてしまった人々も多いことだろう。だが、パレスチナ難民キャンプが存在するのはガザだけでなく、内戦の続くシリアや、ヒスボラがイスラエルに抵抗を続けるレバノンや、数々の世界遺産を抱える観光地のヨルダンや、イスラエルが併合しようとしている聖地エルサレムにも存在してること、日本人の何人が知っているだろうか。それらのキャンプで暮らすパレスチナ難民の総数がガザ住民の三倍以上の約六四〇万人にも達するという事実を。

私がパレスチナ問題に出会って、すでに四〇年が経過した。前述のような思いを抱きながらパレスチナ人と出会う旅を続けてきた私は、まわりの人々のパレスチナへの関心が薄れるからこそ、上書きされるニュースによっても「忘れない」ような報じ方をおこない、パレスチナ問題への関心を持続的に呼び起せないかとあがいてきた。残念ながら、その試みは成功したとはとても言えない。

それでも、ガザ大量虐殺を眼前にしつつ、性懲りもなく思う。パレスチナの地に生きる人々を、その喜怒哀楽と共に伝える続けることで、ニュースに上書きされてもなお記憶の片隅に残る何かを伝えられないか、と。そこで思い出すのは二〇年前に聞いたパレスチナ、イスラエルのキリスト教徒の話だ。

1　ベツレヘム——戦場のクリスマス

一九九九年一二月、一〇〇〇年に一度の「ミレニアムのクリスマス」が世界中で報じられた。しかし、パレスチナ自治区ヨルダン川西岸地区の南部にあるベツレヘムの街に、いったいどれだけの人が関心を抱いていたのだろうか。

パレスチナという言葉を知る日本人でも、あるいは「馬小屋で生まれたイエス・キリスト」の物語を知る日本人でも、そこが一九九三年のパレスチナ解放機構（PLO）とイスラエルのあいだで成立したオスロ合意によって、パレスチナ自治区となったベツレヘムであることまでは、関心が及ばなかったかもしれない。そして「ミレニアムのクリスマス」が過ぎた九カ月後、ベツレヘムの街がイスラエルに封鎖されたときには、すっかり関心は覚めていたのではないか。

私が何度目かのベツレヘム再訪を果たしたのはミレニアムから二年後。ベツレヘムのクリスマスを取材したいと思ったのだ。とはいっても日本を出発できたのは、クリスマスを過ぎた二〇〇二年一月一日。それでも問題はなかった。日本のクリスマスは、カトリックやプロテスタントに倣ってかグレゴリオ暦を採用しているからカレンダー上の一月一日となっているが、その日はユリウス歴では一二月一九日。「馬小屋の上に立てられた」という聖誕教会をローマ・カトリックと共に区分所有する東方正教会とアルメニア使徒教会はユリウス暦を採用しているので、ベツレヘムのクリスマスは日本の一週間先だったのだ。

そのユリウス暦のクリスマスイブ、つまり日本でいう西暦の一月六日、三大一神教（ユダヤ教、キリスト教、イスラム教）の聖地エルサレムからの乗合タクシーでベツレヘムに向かった。しかし、市街地を抜けるとすぐに乗合タクシーを降ろされた。イスラエルが設置したベツレヘムの街の入り口にある検問所は、それ程の距離しかないのだ。

その検問所では　外国人の私はパスポートを提示するだけで検問を通過できた。ところが、エルサレムに出かけていただけのベツレヘムの住民、つまり私と一緒に乗り合いタクシーに乗ってきたパレスチナ人の乗客たちは、そうはいかない。とりわけ若者は身分証明書の提示だけでは済まない。自分の家に帰るのにさえ、イスラエルの担当官から「どこへ行く？」「何をしに？」などと嫌がらせのような尋問を受ける。このとき、ベツレヘムを含むパレスチナ全域が第二次インティファーダと呼ばれるパレスチナ蜂起の最中にあったのだ。

第二次インティファーダは、二〇〇〇年九月にアリエル・シャロン（リクード党党首で後のイスラエル首相）の一〇〇〇人の護衛警官を引き連れての、イスラムの聖地でもあるエルサレムの神殿の丘を強行訪問するという挑発に端を発したもの。そして、パレスチナの抵抗が始まるのを待っていたかのようにイスラエルはパレスチナ自治区を封鎖し、そこに何度目かの軍事侵攻を始めた。オスロ合意以降、聖地巡礼客を世界から集めたベツレヘムの観光業は、壊滅的な状況に陥った。

そんな中で迎えるクリスマス。ベツレヘムで泊まったベツレヘム・スター・ホテルは閑散として

封鎖が解除された生誕教会で平和の祈りを捧げる（ベツレヘム、2002 年 5 月）

いた。それは降りしきる冷たい雨のせいでなく、街中を占拠するイスラエル軍の存在による。

「第二次インティファーダが始まった二〇〇〇年九月以前は、ベツレヘムのどこのホテルも満室だったんです。それが、（クリスマスの）今週だけはほんのちょっと旅行者が来ていますが、あとはご覧の通りです」と力なく笑うのは、ホテルのオーナーで支配人のミッシェル・クレイテム氏。彼は、こう続けた。

「この一四カ月、収入はありません。イスラエルに占領されたも同然だから。二四名いた従業員で今残ってるのは六名だけ。生活できるだけの給料は、それだけの人数にしか払えないのですから。イスラエルは街を包囲して、私たちに圧力をかけているのです。パレスチナの経済を破壊するために。

私はベツレヘムにホテル・ベツレヘム・インも持っています。昨年の一二月に入ってからそのホテルを占拠していたイスラエル兵が、一二月一六日（グレゴリオ暦）にホテルへ火を放ちました。しかし、彼らは私たちに何の補償もしません。それだけでなく、調度品などを奪い取っていきました。

彼らはスタッフを追い出し、今もそのホテルを占拠しているのです。オーナーの私が入ることもできません。

それで占拠するイスラエルの当局に電話しても、誰も対応しようとしません。

それでイスラエル兵と交渉し、どうにかホテルに入れることになりました。でも、その時に彼らはこう言いました。『ホテルに入るのはＯＫ。でも、入るなら目隠しして入れ』。私は『なぜ、目隠しして入らなければならないんだ』と、ホテル入りを拒否しました。」

この時、破壊されたのはミッシェル氏のホテル・ベツレヘム・インだけでなく、パラダイス・ホテルもイスラエル軍によって全焼させられていた。ミッシェル氏は続ける。

「私たちこそ、この国（国家ではなく土地）の起源です。一九四八年には、ユダヤ人は一〇％に過ぎず、全人口の九〇パーセントはパレスチナ人だったのです（筆者注：実際には当時のパレスチナのユダヤ人の人口は全体の約三割、ユダヤ人の土地所有率は全体の七％だったといわれる）。私の祖父の、そのまた祖父の名前を四〇〇年前の住民登録に見ることもできます。

ところが突然、（イスラエル建国によって）私たちはすべての権利を失ってしまったのです。私は毎日、エルサレムからベツレヘムに通ってくるときに、一九四八年に奪われた私の家の前を通ります。でも、私は『これは私の家です』とは言えないのです。ユダヤ人がどこらからかやってきたことにより、すべてを失ってしまったのですから……」

生誕教会の周辺を封鎖するイスラエル兵と睨み合う地元の子どもたち（ベツレヘム、2002 年 5 月）

ミッシェル氏の言う「どこからかやってきたユダヤ人」のことを考える一つのヒントが、ベツレヘムから直線距離で八キロメートルほどの位置にあるユダヤ人のエフラット入植地に見て取れる。

エフラット入植地はヨルダン川西岸地区にイスラエルが建設し、二〇二四年現在も拡張を続ける他の入植地と同様に、パレスチナ自治区の中でイスラエルが占領を続ける地域に建設されたものだ。この入植については、国際的には国際法違反と非難されてきた。二〇二四年七月一九日に国際司法裁判所（ＩＣＪ）は、占領政策は国際法違反であり、「占領をできるだけ早く終結させなければならない」とイスラエルに対して勧告的意見を言い渡した。

そのエフラット入植地を取材したのは、ベツレヘムでクリスマスを迎えた二週間後。ここは占領地でありながらイスラエルの行政区分ではエフラット市。エルサレムから、通勤通学に使われている公共バスで行くことができる。

同市の広報担当で市長顧問を兼任するアメリカから来たダン氏は、入植地建設の正当性をこう語った。

「私たちは三五〇〇年前からここに住んでいたんです。聖書は私たちの憲法です。その聖書にエフラットは三三回も出てくる土地。ベツレヘムも私たちの土地です。その頃はパレスチナ人なんていなかったのだから」と。

繰り返すが、ダン氏はアメリカの生まれ育ちなのだ。そのダン氏はこう続けた。

「ユダヤは宗教ではなく民族です。だから私たちはここに帰ってきたのです。今もアラブ諸国からユダヤ人が帰ってきています。一九四八年に出ていったアラブ人と交換するかたちで」と。だから「パレスチナ人の難民問題はない」とも言う。目の前にはベツレヘムに隣接して国連が設置した難民キャンプのディヘイシャ、アイダ、ベイト・ジブリンという三カ所があるにもかかわらず、だ。

取材を終えて「市役所」を出ると、公園があった。そこで出会った学校帰りの三人組の小学生は、アメリカ生まれとカナダ生まれ、そしてもう一人は両親が以前アメリカに住んでいて自分はイスラエル生まれだと言う。彼らは「母語」の英語で、私にバス停への道を教えてくれた。

一方、アメリカ国民でもありイスラエル国民でもあるダン氏のような「不法」入植者たちがいること知りながらも、先のミッシェル氏はこう語る。

「もしイスラエル人が私たちと一緒に住もうというなら、私たちは彼らが（これまで）したことは忘れます。私たちは（一九四八年の）あの時のことはすべて忘れるようにします。

イスラエルには、私たちが平和を望んでいること、一緒に平和に暮らしたいと思っていることを理解してほしい。私たち（パレスチナ人もイスラエル人も）は、今ここにいるのですから」

その言葉をにわかには信じらず、私は「それは共存を考えているということか」と聞き返した。すると「そのとおりです」とミッシェル氏は続けた。

「私たちは何の武器も持っていません。ただ石を投げているだけに過ぎないのです。中東で最強の軍隊に向かって。戦う方法もないんですよ。

私たちにはたくさんのユダヤ人の友人がいますし、私たちが平和を望んでいることを彼らが証明してくれます。彼らだけでなく、イスラエル人の一部もまた平和を望んでるのです。

イスラエルが建設した「分離壁」の前を下校するパレスチナ人の小学生（エルサレム、2004 年 10 月）

私は、彼らが私たちと一緒に平和に暮らす決定を下すように神が促してくださることを祈っています。私は銃で戦いたいのではなく、ただ話をしたいのです。

もし次の一〇〇年も戦い続けたとしても、イスラエルもパレスチナもこの場所にあるのです。戦いは、お互いが失うだけの結果しか招きません。どちらの側も人々が殺され、今抱えている問題と同じ問題が残ります。しかし平和がくれば、お互いが一緒に暮らし、支え合えるのです」

理想というより夢想、願いというより祈り、とでも言った方が適切に思えるミッシェル氏の言葉。しかし、誰がこれを戯言《ざれごと》と切り捨てられるのだろうか。

パレスチナとイスラエルとの関係だけでなく、現在進行形の戦争はどうだろう。たとえばウクライナとロシアの戦い。本気で和平を考えるなら、苦渋の連続、妥協の積み重ねであっても、両者の共存を想定しない限り、和平はないはずだ。もちろん互いに文字通りの皆殺しを望めば別だが。

そうはいっても、被害者がその被害を「忘れる」べきとする理不尽さを、たとえそれが被害者の弁だとしても、認めていいのかといった正義感からの反論もありそうだ。でも、最初から理不尽な不正義によって引き起こされ、その不正義を強いられ続けるという理不尽な歴史を今、終わらせるとしたら、コペルニクス的転回が必要なのかもしれないと私は考える。一昔前なら革命を想定した人々も少なからずいた。「革命的な止揚」なしには、共存も共生もありえないと。

ここで私たちには思い出すべき重要な事実がある。イスラエルの人口約九五〇万人のうちの約二〇〇万人、全人口の約二一%が「アラブ人」(パレスチナ人、すなわちパレスチナの人々)だという現実だ。イスラエル国家は自らを「ユダヤ人国家」を自称するが、その国家におけるユダヤ人の人口割合は約七四%でしかない。

もちろんガザ攻撃を続けるネタニヤフ政権が成立するというイスラエルの政治状況は、厳しい。国会の中にラアム党とハダシュ党で計一〇名のアラブ系の国会議員が席を置きながらも、現下のガザ虐殺を防ぐことができない。ガザの死者が三万八二四三人に達してる二〇二四年七月一〇日に

パレスチナ自治区に侵攻し住民に砲身を向けるイスラエル軍戦車（ラマッラ、2002 年 1 月）

至っても、虐殺の継続を止められないでいることを見れば、「共存」が極めて困難どころか、たちの悪いジョークにしか思われないだろう。しかし、だからといってそれが不可能だと決めつければ、パレスチナ問題の解決はない。

2　ナザレ――四つのアイデンティティー

もちろん共存の可能性を探ると言っても、イスラエル国民のアラブ人ですらユダヤ人と同等の権利と自由は保証されず、よってユダヤ人からの偏見と差別にも晒されている中での困難を極める挑戦である。でも諦めない人々がいるのだ。

たとえば、エルサレムやベツレヘムと同じように、キリストにまつわる観光名所であるイスラエル北部のナザレ。マリアが聖霊により受胎したことを天使ガブリエルより告げられたとされる地。カトリックの受胎告知教会を初め、聖ヨセフ教会、聖ガブリエル教会、メンザクリスティ教会などが立ち並ぶ。その町のキリスト聖公会学校でハンナ・アッサール校長に聞いた話からは、ナザレなどイスラエル国内に暮らすアラブ人への偏見と誤解がイスラエル国内だけでなく、私たち日本人の中にもあることに気づかされる。

「日本人なら『日本人』だけで済むでしょう。でも、私のアンデンティティーは四つ必要です。アラブ人、パレスチナ人、キリスト教徒、そしてイスラエル国民。

私は、自分がただのアラブ人だとは言えません。もしアラブとだけ言えば、あなた方は私をイスラム教徒だと思うでしょうし、キリスト教徒だとは思わないでしょう。

もし、私がキリスト教徒だと言ったとします。するとあなた方は不思議に思って、私がユダヤ教やイスラム教、あるいは他の宗教から改宗したと思うでしょう」

確かに、である。以下は、イギリスに留学していたアッサール氏の体験である。

「ほとんどの人々は忘れてしまっています。キリスト教世界の根っこは、この土地（パレスチナ）だということを。二〇〇〇年前、私たちがここで始めてキリスト教徒になったのです。キリスト教徒になったのは、私たちが最初なのです。

多くの人々がそれを忘れて私に聞きます。〝どうしてキリスト教徒になったのですか〟と。そして、私が聖公会だと言うと、皆さんは私がイギリスから来たと思うのです（筆者注：聖公会はイギリス国教会を母体とすると言われる）。もし私がローマ・カトリックだと言うと、ローマから来たなどと思うでしょう。ですから、私のアイデンティティーは一つというわけにはいきません。四つのすべてが一緒になっているのです」

確かに、中東を旅して日本に帰れば、「イスラム諸国の取材は文化も違うから大変でしょう」と会った人ごとに言われ、酒飲み仲間からは「アルコールはどうしていたの」と真顔で心配される。国法で飲酒やアルコール飲料の持ち込みを禁じている国家はともかく、中東の大半の国々や地域は禁酒ではないし、酒屋で酒を公然と売っている。でも、インターネットで何でも検索できる今でも、多くの日本人はそのことを知らない。ただし、飲酒の習慣の少ない地域では、酒を手に入れるのが困難なことも事実ではあるのだが。

つまり、宗教も含めた文化の違いは「集団間格差よりも、個人間格差の方がはるかに大きい」と体験的に思っている私には、このハンナ・アッサール校長の指摘にさもありなんと頷いた。しかし、こうした思い込みや偏見から私を含めて多くの人々はなかなか逃れられない。だから、その誤解や偏見を解く試みをアッサール氏たちは行ってきたと言う。

自身が校長を務める学校の生徒とユダヤ人の学校の生徒との交流もその一つだったとアッサール氏。「アラブ人とユダヤ人の交流センターで、一緒に三泊してきました。この学校からと、もう一方はテルアビブ（イスラエル第二の都市で政治・文化・経済の中心、事実上の首都）の学校からの参加です。お互いが何を相手にするのが一番よいのか。そんなことを話し合いました。とても興奮しましたし、交流を幸せに思いました。」

しかし、こうした交流は長くは続かなかった。前述したシャロン首相による神殿の丘への強行訪問とそれを契機とした第二次インティファーダが始まったからだ。「今は、お互いに行く道が別だと考えているのです」とアッサール氏は残念がった。

そのアッサール氏の父親は、来日経験もあるリア・アブ・エル・アッサー氏。同氏は日本のキリスト教徒を前に「世界から聖地巡礼に来るキリスト教徒は、遺跡の石は見ても人を見ないのです。エルサレムにもキリスト教徒が暮らしていることに気付かないのです」と語って聴衆をはっとさせた。彼は当時、エルサレム・中東聖公会の牧師で、後の大主教。

3　ガザの「テロリスト」

そのリア・アブ・エル・アッサー氏が一九九七年から二〇〇七年のあいだ大主教の座にあった中東聖公会がガザで運営してきたのがアハリー・アラブ病院。一八八二年設立のガザで最も古い病院の一つだ。

二〇二三年一〇月に始まるイスラエル軍によるガザ攻撃の初期、一〇月一七日。ガザで唯一のキリスト教系の同病院で二〇〇名が死亡（聖公会発表）する爆発が起き、病院が破壊されたことが世界中に報じられた。

でも、破壊に見舞われながらも、同病院は最近まで戦争前の三割ほどは病院の機能を維持してきたという。ところが、二〇二四年七月七日夕方、病院近くでドローンによる大量発砲があり、直後にイスラエル軍がその地域を「レッドゾーン指定」し、病院内にいる全員に建物からの退避を指示した。

聖公会はエルサレムで発した抗議声明で、「その結果、病院の敷地内に避難していた弱い立場に

オスロ合意前、「治安維持」名目で占領地に展開するイスラエル軍（ガザ、1990年）

ある人々、スタッフ、患者全員が安全な病院の敷地から退去しなければならなかった」というアハリー・アラブ病院長の報告を伝えている。その抗議声明は、エルサレム・中東聖公会によるホサム・ナウム大主教の次の言葉で結ばれている。

「私たちは病院の閉鎖に最大限の抗議を表明します。戦争と大きな苦しみの時代には、負傷者や死に瀕した人々を治療するために緊急医療サービスを維持することが不可欠です。私たちはイスラエル軍に対し、医療と治癒という神聖な奉仕を続けることを許可するよう訴えます。私たちは民間人やすべての弱い人々への攻撃の停止を訴え、すべての当事者が即時停戦に同意することを求めます」

ナウム大主教もまた、イスラエル国内のガリラヤの生まれ育ち。つまりアッサール氏の言う四つのアイデンティティを持ったイスラエル国民の一人だ。私たちは、このような人々の声、つまり絡んだ糸を解きほぐして和平に繋げる可能性のある

ユダヤ人入植地前の自宅をイスラエル軍に破壊された少年は、その跡地に立ってパレスチナの旗を掲げた（ガザ、2002年1月）

声に、どれだけ耳を傾けてきただろうか。

たとえば日本語で「パレスチナ問題」、あるいは「アラブ人　ユダヤ人」をGoogle検索すると、一番最初に「【1分で分かる】パレスチナ問題を分かりやすく解説」が表示される。それをクリックすると現れる「解説」は、「パレスチナ問題とは、2000年以上もの間パレスチナという地域をめぐり、アラブ人とユダヤ人が起こしている対立のことです」というものだ。

神話ですらないこんなデマがはびこる日本では、次のような皮肉を込めたアッサール氏の笑い話に対し、「えっ、違うんですか」と真顔で問い返す声が聞こえそうだ。

「私がイスラエル人だと言えば、あなた方は自動的に私をユダヤ人だと思うでしょう。そして、私がパレスチナ人だと言ったら、同様にテロリストだと思うでしょう」

（二〇二四年七月二三日）

［補遺］扉の地図について

本稿の扉で使われているヨルダン川西岸地区とガザ地区をグレーで示した地図は、もっともポピュラーに使われているパレスチナの地図だ。しかし、今、イスラエルが侵攻作戦を続けるガザでは、パレスチナ人の命だけでなく自治が奪われたままであるように、ヨルダン川西岸の地図もパレスチナの自治区を示してるわけではない。

パレスチナ人の「完全な自治」がおよぶのは西岸の一七%に過ぎず、その土地すらもイスラエルは軍事占領によってバラバラに切り刻み、国際法違反の入植地を拡大し続けている。その入植地には、すでに約七一万人もの「ユダヤ人」が住み着いているという。

つまり、イギリス委任統治の最終段階のパレスチナ全土を一〇〇%とすれば、現在「自治区」と呼ばれているのは全土の八%に過ぎない。そこからさらに現在イスラエル軍に奪われてるガザを地図から消さなければ、パレスチナ現状を表す地図とは言えないのだ。

でも、もちろんそのような地図はパレスチナもイスラエルも共に認めない。土地を奪われたままのパレスチナは、その状況の固定化は自分たちの存在証明の放棄に繋がると考えるし、イスラエルにはパレスチナ全土が「神が自分たちに与えた土地だ」と考えるユダヤ人もいるのだから。

また、扉の地図の実線で囲われた範囲は、イスラエルの地図とも重ならない。領土拡張を続けたイスラエルは、第三次中東戦争でエジプトから奪ったシナイ半島を一九八二年に返還したが、同戦争でシリアから奪ったゴラン高原は一九八一年に一方的に「併合」を宣言。さらに一九七八年のレバノン侵略で占領したシェバ農場一〇平方キロメートルも、ゴラン高原「併合」時にイスラエル「領」に組み入れたままだからだ。イスラエルには、ヨルダンやエジプトと間に国境はあっても、パレスチナやシリア、レバノンとの間に国境はない。この地の境界線が流動的である所以だ。

ちょうど20年前にガザで出会った子どもたち。彼、彼女たちが無事だと言えない悔しさともどかしさ（ガザ、2004年10月）

V

一日も早く、
一時間でも早く、
虐殺を止めたい

私たちはガザを見捨てない

畠山澄子

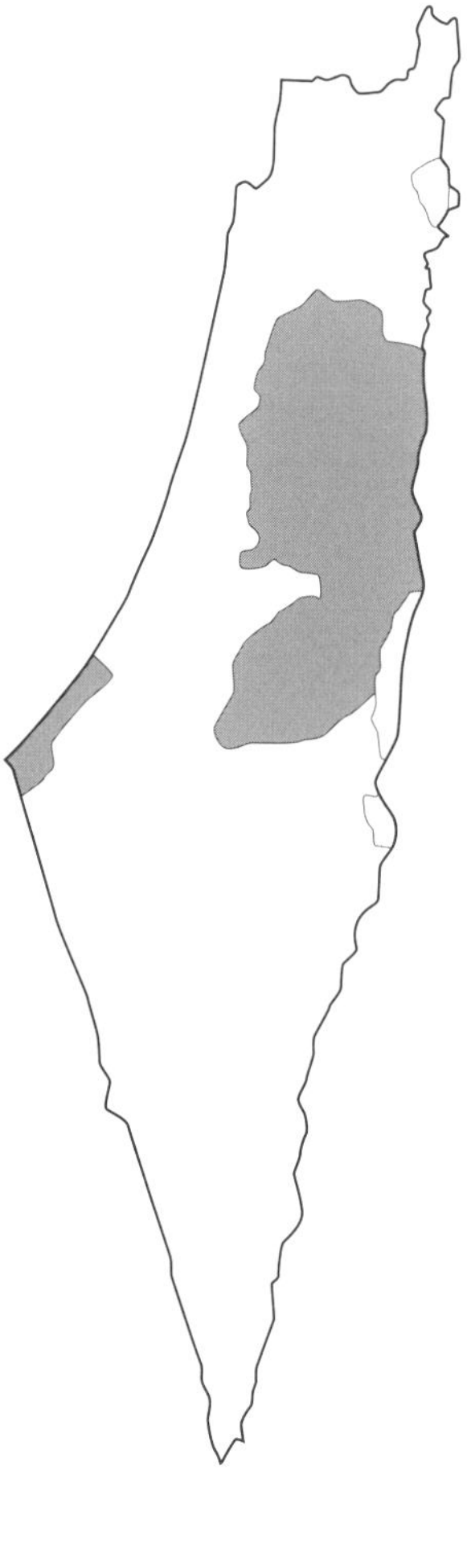

畠山澄子（はたけやま・すみこ）

埼玉県生まれ。ピースボート共同代表。ペンシルベニア大学博士課程修了（博士）。専門は科学技術史。ピースボートでは広島・長崎の被爆者と世界をまわる「ヒバクシャ地球一周～証言の航海～」（通称：おりづるプロジェクト）や若者向けの教育プログラム「地球大学」に携わる。共著に『Navigating Disarmament Education: The Peace Boat Model（「軍縮教育　ピースボートの方法論」）』（国連軍縮部）、『殺人ロボットがやってくる⁉　軍事ドローンからロボット兵器まで』（合同出版）。

平和を阻んでいるのは私たちではないのか

ガザのことを考えるたびに思い出す言葉がある。かつてイラク出身のウィッサムに言われた言葉だ。「なんで戦争について知らないのか。同じ世界で起きているのになぜ?」

いわゆるイラク戦争がおこなわれていた二〇〇七年のことだ。日本では「戦争を知らない世代」とくくられ、戦争について知りたいと言って本を読めば褒められていた私だが、戦争の渦中にいる人に「戦争を知りたい」と言ったら、留学先の学校で同級生の怒りを買った。彼は本当に怒っていた。当然だ。私の「戦争を知りたい」に、その瞬間も戦争というものが同級生の故郷で人の命を奪っていることへの想像力、ましてやその戦争を止めようとする意志など伴っていなかったことが見透かされていた。

この時に怒り、泣いていた人がいた。ガザ地区出身のネビンだ。「あなたたちに私の気持ちはわからない」と言われた。二〇〇五年の夏、ガザを出ることを阻まれそうになった。だが、父親が検問所で頭に銃を突き付けられながらも「娘は勉強をしにいくのだ」と懇願してくれて、ガザを出ることができたという。一方の私の元には、日本から他愛もない物の入った小包が毎月のように届き、そのたびに浮かれて同級生に自慢していた。

ネビンの言葉は、もっともだったと思う。同じ学校で同じ時を過ごしているのに、私たちがそれぞれにつながっている「ふるさと」のリアリティは、あまりにもかけ離れていた。ちなみに二〇〇五年というのは、イスラエルによるガザの封鎖が始まった夏。もう一八年も前のことだ。以来、ガザはずっと封鎖されている。

二〇二四年の夏は、つい先日まで二七名の中学生とともにピースボートに乗っていた。その時、ゲスト講師として乗船してくださっていたのが、現代アラブ文学とパレスチナ問題を専門とする岡真理さんだった。岡さんは、中学生を前に「君たちと同い年のガザの子どもたちは、封鎖されたガザの中しか知らない」と言っていた。そして、ガザが封鎖された年にうまれた子どもたちは、そろそろ成人しようとしている。

だが、それはあくまで封鎖に限った話。ガザの平和はもっと前から阻まれている。一九四八年以降、多くのパレスチナ人が難民となり、故郷に帰れないままだ。ガザにいる人の多くは、イスラエルによる入植が広がる中で、かつてパレスチナだった土地を追われ、移住を強いられてきた難民なのだ。

ピースボートを通して長く付き合いのあるザヘルという友人がガザにいるが、ザヘルは親が難民であり、自身は難民キャンプ生まれで、今は自身の子どもたちと一緒にガザで逃げている。イスラエルによる入植、占領、封鎖、抑圧は、すでに三世代にわたっているのだ。

世界では一時たりとも戦禍が絶えない。戦争がなかったとしても、抜け出すことのできない構造的暴力にさらされる人たちも多い。にもかかわらず、私たちは「戦後」という言葉を無批判に使い、自国の戦争だけを戦争として捉える。そして、私たちは世界で起きている戦争や構造的暴力をどこか他人事だと考え続ける。

そのような私たちこそ、ガザ地区における平和を阻んでいる一番の当事者なのかもしれない。そして、ガザ地区における平和を希求するということは、私たち自身がいかにしてそのような世界の構図に抗えるのかにかかっている。

つながるということは、ともに歴史を刻むということ

私は、二〇〇八年からピースボートに関わっている。ピースボートで働き、地球一周の船旅を通して世界中の人々とつながる中で、つながるということは共に歴史を刻むことなのだと実感してきた。そして、共に歴史を刻むということは、「遠くの他者の生に積極的に関わる」ということでもある。だから、私はこの「つながる」ということが、世界の人々が国の利害を超えて、人間同士として互いの存在を気にかけ、自分のためにも人のためにも平和を求めていくためのキーワードだと思っている。

カンボジアにおける地雷撤去支援の例がある。一九九八年に始まった「ピースボート地雷廃絶キャンペーン（PMAC）」は、日本で集めた募金を元に、カンボジアにおける地雷撤去を支援するというものだ。内戦終結後のカンボジアに、ピースボートを寄港させるための先遣隊として訪れたかつてのスタッフは、プロジェクトを始める際にこう考えた。戦闘が終わっていても地雷被害に苦しむ人が絶えず、それが貧困の連鎖につながっているのであれば、それは平和とはとても呼べない、と。

プロジェクトを始めたそのスタッフは、「地雷被害者と出会った時に、一人の人間の痛みが自分の中に飛び込んできて、自分にできることが何もないことに途方もないやるせなさを感じた」と語っている。この時の強い思いが、街頭募金や出前授業、地雷検証ツアーといったアクションにつながり、プロジェクトとなって確立した。はじめは地雷撤去のためのお金を集めるだけだった。だが、そこから現地での小学校建設や地雷被害者の職業訓練支援などへと幅を広げ、二五年にわたって続いている。

支援している村で、初めて中学校に進学する生徒が出たときには、プロジェクトのスタッフ全員が喜んだ。現地で支援を手伝ってくれている団体の大切なメンバーが病気治療を必要とした時は、みんなでお金を集めて送った。近年では、日本企業が新しい市場と安い労働力を求め、「自国の経済のため」というベクトルでカンボジアに進出するようになった。そんな中で私たちは、その構図の中で置き去りにされていく、内戦の傷跡を一つひとつ乗り越えていくカンボジアの人々と共に、歴史を刻んできた。

パレスチナについても、同様の思いで向き合っている。ピースボートは、一九九〇年代からイスラエルのアシュドッドとハイファの港を何度も訪れ、エルサレム、ヨルダン川西岸、ガザでスタディツアーやホームステイプログラムを実施し、医療支援や文具などを届ける活動を行ってきた。ヨルダンに寄港した際は、パレスチナ難民キャンプを訪れて、難民一世の証言に耳を傾けるなど、難民キャンプ内で交流を重ねてきた。

また、アラビア語で「光」を意味する「サナア」を冠にしたプロジェクトを立ち上げた。パレスチナ西岸に暮らす女性たちに、パレスチナ刺繍を施した小物やオリーブ石鹼を作ってもらうのだ。それらをフェアトレードとして販売し、支援金を届けたこともある。

その中でつながってきたザヘルを始めとした多くの友人を通して、私たちはイスラエルによるガザの空爆がこれまで何度も行われてきたことを知っている。封鎖が人々の自由を奪い、若者の夢や希望を奪ってきたことを知っている。たとえ戦闘がなくても、占領と封鎖は圧倒的な力でガザの人々の尊厳を踏みにじってきたことを知っている。

遠く離れた私たちにできることは、あまりにも少ない。時に虚しさを感じながらも、イスラエルによる空爆が激しくなるたびに、キャンドルアクションやバナーアクション、デモ行進などを行ってきた。二〇二一年にイスラエルによる空爆でザヘルの家が破壊された時には、カンパを募って家屋再建の支援も行った。

つながるということは、そのつながった他者に向けられる暴力に抗う確かな原動力となる。私たちはガザの人々とつながり、彼らがさらされてきた暴力の連続性を知っている。だからこそ、その暴力に抗うための手段を尽くすことが、自分たちにできるせめてものことだと思うようになった。

私たちは黙らない

二〇二三年一〇月、ハマースの攻撃をきっかけにガザでの戦闘がふたたび激化し、虐殺とも呼ばれる無差別攻撃が始まった。その時、私はピースボートで地球を一周している真最中だった。同年八月に日本を出発した東回りの船旅で、一〇月七日はヨーロッパや地中海に向けて大西洋の横断を始めた頃だった。

船内で唯一、衛星を通して受信できるニュース番組のBBCでは、ハマースが人質にとったイスラエル人のことが繰り返し報道され、解放を願う家族のインタビューが何度も流れた。たまにアクセスする日本のメディアは、ハマースの攻撃も許されざるものなのだから、イスラエルの攻撃もやむなしという喧嘩両成敗的な論調だった。当然、ハマースによる暴力も人質も許されない。しかし、あたかもこの問題の始まりが、一〇月七日かのような報道ぶりには憤りをおぼえた。

ネットがつながるとはいえ情報が限られる中、船内の世論も一枚岩ではなかった。どれだけの熱量でイスラエルを非難するのか。ガザの救済を求めるべきなのか。ただちに何かアクションを起こすべきなのか。休戦や平和を願う気持ちは同じであっても、意見は割れた。何もしないほうがいいのではないか。そういう意見も少なくなかった。

夜な夜な議論が白熱する中、あるスタッフの言葉が決め手となった。

「ガザで命がこんなにも奪われていることに対して、自分たちは何をするのか。ただ、それだけではなかろうか。何ひとつとしてできることがない。あるいは何もやらないのであれば、私たちは『ピースボート＝平和船』という看板を掲げるに値しない」

それは、長年にわたってガザとつながりをもってきた私たちが、ここで傍観者に成り下がることは許されないという決意表明でもあった。そして、私たちは黙らないことを決めた。

同時に浮かんだのは、ピースボートの船長を長年務めるウクライナ人のビクター・アリモフが、ロシアによるウクライナへの全面侵攻以降、繰り返し私に言っていたことだった。

「戦争で世界から見放されたと思う時もある中で、ピースボートの過去の乗客からもらったメッセージが生きる希望となった」

たしかに、ピースボートにとってもうひとりの大切な友人である東エルサレムに住むラミは、そのころに何度も私に言っていた。

「とにかくガザで何が起こっているのかを世界に知らせてほしい」

新型コロナウイルス感染症が一段落した後、ピースボートがチャーターした客船は、ピースボート史上もっとも大きい七万七〇〇〇トンのパシフィック・ワールド号。これまでで一番大きな客船を使うのだから、これまでで一番大きなメッセージを掲げたい。そんな船側の意向を東京の事務所に伝えた結果、縦五メートル・横三〇メートルの巨大バナー（旗）を発注することになった。文言は「STOP KILLING GAZA」。何十年にもわたってパレスチナ人がおかれてきた状況を知っている私たちが、世界に発信すべきは「ガザを殺すな」だと思った。

巨大なバナーを掲げ、まずはピレウス（ギリシャ）でアクションを行った。アクションは仲間を呼び、仲間は次のアクションを呼ぶ。ピレウスでの様子は国内外のメディアで報じられた。私たちはその後、イスタンブール（トルコ）とポートサイド（エジプト）でもバナーアクションをおこなった。イスタンブールではアクションを始めると現地の人が指笛を鳴らして賛同の声をあげてくれた。ポートサイドでは言論統制が厳しくなる中で、びっくりするほど多くの現地の人が集まった。急遽、アラビア語と英語の通訳をしてくれた現地の女性は、「今日の仕事ほど、うれしく誇らしいものはない。ポートサイドに来るときは、必ず協力する。絶対に連絡をしてほしい」と私に言った。

「STOP KILLING GAZA」と掲げたからといって、虐殺が止まったわけではない。それでもあの時にバナーアクションを行った数百人の人たちは、その経験を確固たる勇気にかえて、今もガザ地区のことを思っているに違いない。それぞれの場所で、できることをやっていると信じている。そうやって、市民社会は少しずつ草の根で輪を広げ、じわじわと世論をつくっていくのだ。

国際法を生かすも殺すも、市民が無力かどうかも、私たちが決める

二〇二四年は、四月から地球一周の船旅に出た。ガザをめぐる情勢は悪化し、戦火が中東全域に拡大していた。イエメンに拠点を置くフーシ派が、ガザへの攻撃への抗議のために西側諸国の軍艦や貨物船に攻撃を行うようになり、紅海の航行が困難になった。私たちも航路変更を余儀なくされた。停戦が実現していれば、ガザへの支援物資を船に載せて運ぼうと思っていたのに……。それどころか、スエズ運河を通らずに、喜望峰をまわってヨーロッパに行く航路となった。

南アフリカのケープタウンに入港する前日、私たちはガザでの殺戮が一日でも早く止むようにと、洋上でデモをおこなった。その日は五月一〇日。三〇年前のその日は、アパルトヘイト政策による人種差別に抵抗を続けたネルソン・マンデラが、大統領として宣誓を誓った日だった。洋上デモに参加した国際政治学者の高橋和夫さんは、そのことに触れながら、三〇〇人を超えるデモの参加者に説いた。

「人種隔離政策の撤廃には、世界の市民が連帯して同国をボイコットする運動が大きな役割を果たしました。南アフリカをボイコットし、南アフリカに投資する企業をボイコットし、アパルトヘイト体制に対する圧力を高めました。アパルトヘイトの撤廃の例のように、一人ひとりの市民は微力ですが、国境を越えた市民の連帯が地球を動かすほどの力を持ちえます。市民が無力だというのは、無力だと思い込まされているだけです。知識を行動に変えれば、世界が変わります」

南アフリカは、二〇二三年一二月にイスラエルがガザで行っている民間人殺害に対し、「イスラエルがジェノサイド条約違反を行っている」と国際司法裁判所（ＩＣＪ）に提訴した国だ。提訴を受けたＩＣＪは、二〇二四年一月にイスラエルに対して、「ジェノサイドを防ぐための処置を取ること」を求める暫定措置命令を発した。その南アフリカ政府の姿勢を見て、国際法を平和のために役立てるには、それを活かそうとするたゆまぬ努力が必要なのだと私は知った。

ロシアのウクライナ侵攻を止められず、ガザでの虐殺を止められない国際社会を前に、国際法や国連に意味がないという声が大きくなってきているように思う。しかし、国際社会が無力だとか、国際法が無意味だという時、私たちは誰がそれを活かす立場にあるのか考える必要がある。南アフリカを訪ねて強く感じたのは、その立場にあるのは他でもなく私たちなのだということだった。船旅を共にしたウクライナ出身の若者が、帰航記者会見で述べた言葉が今も心に残っている。

「はっきりいって国連は無力だと感じる時がある。でも、今回世界各地でウクライナに心を寄せてくれる人が本当にたくさんいることを知った。その人たちが自国の政府を動かし、それが国際社会を動かしてくれることを信じている」

もうひとつの希望は、二人の高校生の存在だ。船内で高橋和夫さんの講座を聞き、洋上デモにも参加したその二人は、その後、船内で「ガザへの侵攻をとめるために私たちにできること」という企画を何度も行った。企画当初は人が集まらなかった。それでもめげず、また「企画を行うたびに死者の数が増える現実から目を背けたくなる」と言いながらも企画をやり続けた。ガザの現状を伝え、歴史的背景を説明し、自分たちにできるアクションをいくつも紹介していた。

行動を起こす人たちに対して、「そんなことをやって、なんの意味があるのか」と冷笑する人たちがいる。その答えは未来にしかわからない。あきらめる選択肢などなく、今この瞬間に苦しむ人がいるのであれば、私たちは私たちにできることを一つひとつやり続けるのみではないのか。二人の高校生の姿勢には、そんな強い意志を感じた。

自由を求める声は、戦争がもたらす音よりも大きくはないですか？

前述した岡真理さんによる中学生への講義の中に、世界人権宣言の話があった。第一三条に「すべて人は、自国その他いずれの国をも立ち去り、及び自国に帰る権利を有する」と書いてあることを岡さんに教えられた中学生が、「世界人権宣言は、世界中の人たちに当てはまるはず。なのに、なぜガザの人たちは家に帰れないのか」と聞いた。岡さんは「そうなんです、おかしいんです」と答えていた。

その中学生の一言が、ガザの人たちに「家に帰れない」状況を押しつけている世界のおかしさを、的確に指摘していると思った。世界の国々が守っていこうと決めたはずの国際法や国際規範を、ガザの人たちはまったく享受できていない。そして、そのおかしさをかれこれ八〇年近く、国際社会は是正できていない。その結果、ガザでは虐殺が起きている。私たちは本当に、もうこれ以上、そんなことを許してはいけない。

岡さんは、中学生への講義の中で「Responsibility」という言葉を取り上げた。Responsibilityは、日本語では「責任」と訳されることが多い。だが、Responsibilityにはラテン語で「応答する」という意味のresponsusが入っている。よって、より厳密には「応答責任」と訳すべきなのだと岡さんは中学生に教えていた。すなわち、私たちは世界で起きていることに応答する責任がある。

二〇二一年の五月にザヘルの家がイスラエルの爆撃で破壊された時、ザヘルは自分が子どもたちの将来に願うのは「人生が子どもたちにとってフェアであること」だと言っていた。今、ザヘルの子どもたちにとって、人生はフェアではない。生まれ落ちた場所がガザだったため、たったそれだけのことが理由で、教育も受けられず、食べ物も満足に食べられず、家がなく、毎日爆撃の恐怖に怯えている。そんなことがフェアなはずがない。

最近、高橋和夫さんが「長らくガザは天井のない監獄と言われてきたが、食べ物が出て、眠るところがあって、殺されることのない本物の監獄のほうが今のガザよりはましだ」と言っていた。「今のガザは終身刑だ」とも。

私は、ザヘルとその子どもたちが、何が理由で「終身刑」を受けなければいけないのかが、どうしても理解できない。そのザヘルが戦禍のガザから先月（二〇二四年七月）送ってきたメッセージには、こうあった。

Despite everything, I strongly believe that the price of peace is cheaper than the price of war. The free voices are louder than the noises of war.

〈筆者訳〉こんな状況でも、戦争の代償が平和の代償よりもはるかに悲劇的であることを、私は強く信じています。自由を求める声は戦争がもたらす音よりも大きくはないですか。

自由を求める声は戦争がもたらす音よりも大きくはないですか……。

私たちは、このガザからの問いかけへの「応答責任」を果たさなければならない。

私は果たしたい。

その先にしかガザ地区における平和はない。

（二〇二四年八月三〇日）

世界が目撃しながら
止められない虐殺とは

森　達也

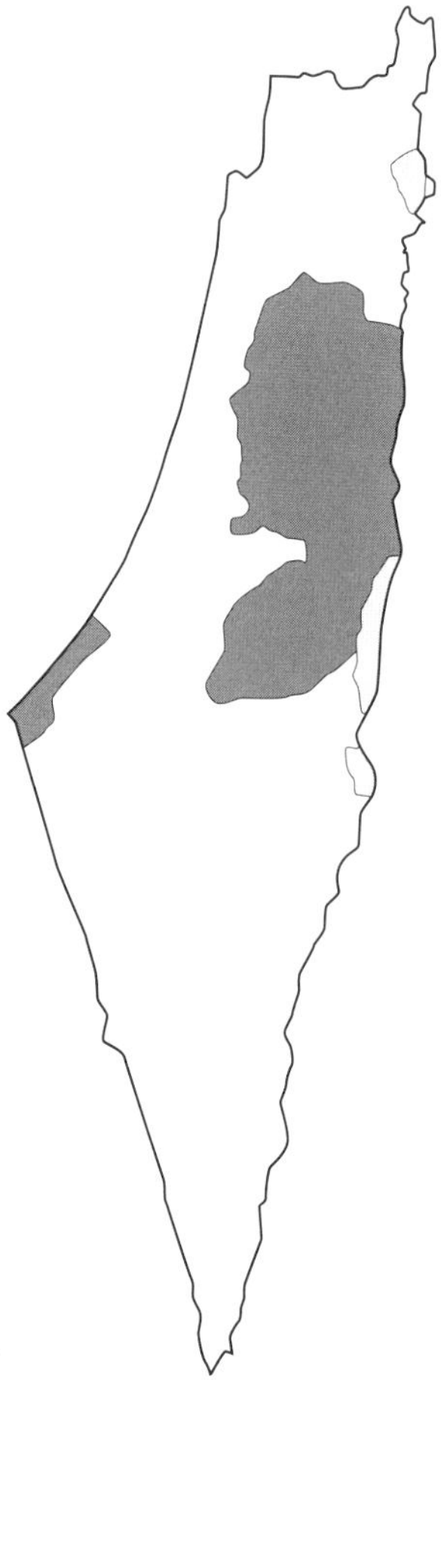

森 達也（もり・たつや）

広島県呉市生まれ。映画監督。作家。テレビ番組制作会社を経て独立。一九九八年、オウム真理教を描いたドキュメンタリー映画『A』を公開。二〇〇一年、続編『A2』が山形国際ドキュメンタリー映画祭で特別賞・市民賞を受賞。佐村河内守のゴーストライター問題を追った一六年の映画『FAKE』、東京新聞の記者・望月衣塑子を密着取材した一九年の映画『i―新聞記者ドキュメント―』が話題に。一〇年に刊行した『A3』で講談社ノンフィクション賞。著書に、『放送禁止歌』（光文社知恵の森文庫）、『「A」マスコミが報道しなかったオウムの素顔』『職業欄はエスパー』（角川文庫）、『A2』（現代書館）、『ご臨終メディア』（集英社）、『死刑』（朝日出版社）、『神さまってなに?』（河出書房新社）、『虐殺のスイッチ』（ちくま文庫）、『フェイクニュースがあふれる世界に生きる君たちへ』（ミツイパブリッシング）、『U 相模原に現れた世界の憂鬱な断面』（講談社現代新書）、『千代田区一番一号のラビリンス』（現代書館）、『増補版 悪役レスラーは笑う』（岩波現代文庫）、『集団に流されず個人として活きるには』（ちくまプリマー選書）、『歯車にならないためのレッスン』（青土社）、『COVID-19』（論創社）など多数。編著に『定点観測 新型コロナウイルスと私たちの社会』シリーズ（論創社）など。

二〇二三年九月一日、関東大震災の五日後に千葉県の福田村で起きた行商団九人の虐殺事件をテーマにした映画『福田村事件』が公開。

一人ひとりは、いい奴

二万人近いパレスチナ避難民が暮らすスーフ難民キャンプは、アンマンから車で一時間ほどの距離にあった。設営は第三次中東戦争の翌年である一九六八年。それから半世紀以上が過ぎて、さすがに今はテント暮らしをしている人はいない。キャンプ内にぎっしりと軒を並べるのは、日干しレンガでつくられた普通の家だ。

リビア人の父と日本人の母のあいだに生まれたアーデル・スレイマンが、一軒の家の前で立ち止まる。小さな庭を横切って玄関の扉を開ければ、髭面の男たちがぞろぞろと中から出てきた。アルヘンリー家の五人兄弟。みんな笑顔だ。それぞれ自己紹介。アラビア語で自分と僕の紹介を終えてから、「この家に暮らす女性は二人だそうです」とアーデルが耳もとでささやいた。兄弟の母親と長男ムーサの妻だ。でも二人は出てこない。料理を作っているらしい。まずは男たちが出迎える。たぶんアラブ式なのだろう。

居間に通される。カーペットの上で、全員で膝を崩して座ってお茶を飲む。話題はここでの暮らしのこと。そして日本のこと。次男のマッハムートの仕事はドライバー。今はヨルダンの港町であるアカバからイラクのバグダッドまで、石油をトラックで運んでいる。「運び先を正確に教えてやれよ」とムーサが言う。少し間を置いてから僕に視線を向けて、「米軍施設だ」とマッハムートが言う。

「これまでにトラックで地雷を二回踏んだ。どちらもトラックは大破したけれど、ラッキーなことに二回ともタンクを空にした帰り道だったので、俺は今もここにいる」

そう言ってマッハムートは微笑むが、兄弟は誰も笑わない。三男のファラースが片言の英語で、

「仕事はなかなか見つからない」と僕に言う。

「だから仕方がないとは思うけれど、マッハムートが米軍のために働くことには、俺たち兄弟は賛成していない」

黙って聞いていたマッハムートが、「……でもさ、米軍も一人ひとりはいい奴ばかりなんだよな」と小声で言った。

「それはわかっている。でもそれとこれとは話が別だ」

四男のモアターズがすかさず言い返して、全員が下を向きながら押し黙った。一人ひとりはいい奴。でも集団や組織の一員となったとき、多くの人は相が変わる。兄弟たちの顔を見つめながら、僕はこの二年前に行ったアウシュヴィッツ・ビルケナウ博物館の壁に展示されていた数枚のイラストを思い出していた。

善良なまま残酷なことをする

かつての強制収容所をそのままに残す広大な敷地内を歩き回りながら、目にする膨大な被虐の展示に、僕はひたすら圧倒されていた。ここに輸送されてきたユダヤ人たちが手にしていたスーツ

ケースや靴や眼鏡。子どもたちの玩具や服。ガス室に送り込まれる前に切られた女たちの長い髪。彼らを殺害した毒ガス「チクロンB」が充填されていた空缶の山。

これらの物量が半端ではない。例えば女たちの髪は、大きなガラスの向こう側にうず高く積まれている。何千（もしかしたら何万）人ものボリュームだ。展示の後は、死の天使と呼ばれたヨーゼフ・メンゲレによって生体実験が繰り返された手術室に案内された。ユダヤ人たちが最後に押し込められた暗くて冷たいコンクリートのガス室。そして膨大な数の遺体を焼いた焼却炉。

これら一つひとつの前で立ち止まりながら、少しずつ息苦しくなってくる。ここにあるのは圧倒的な無慈悲さであり、ありえないほどの不条理だ。

多くのユダヤ人が銃で処刑された「死の壁」では、当時の処刑の様子が、壁に展示されたイラストで再現されている。収容されていたユダヤ人が監視の目を盗んで描いたスケッチだとの説明が、横に英語で添えられている。

たった今銃殺されたばかりのユダヤ人の遺体を囲むSSの将校たち。幹部クラスは葉巻を咥えたり笑ったりしている。ガス室送りを意味する指のサインを出している将校のスケッチもあった。その雰囲気は本当に憎々しい。まるで悪魔の化身のように描かれている。

僕はイラストを凝視し続ける。施設内を歩き回りながらずっとくすぶっていた違和感が、ようやく形になりかけていた。

これは違う。

殺される側のユダヤ人には、SSの将校は悪鬼のように見えて当然だ。でもそれを安易に普遍化すべきではない。当時のナチスの男や女たちが、みな血に飢えた残虐なケダモノばかりだったわけではない。その多くは家に帰れば、善き夫であり良き息子であったはずだ。収容所の所長を務めていたルドルフ・ヘスは、本国ドイツから妻と幼い子どもたちを呼び寄せて、収容所内の敷地のすぐそばに建てた家で仲睦まじく暮らしていた。顔を上げて唖然とする。その家から徒歩で数分の場所にはガス室があって、焼却炉の大きな煙突が見えた。

二〇二三年、ルドルフ・ヘス一家の生活を描いた映画『関心領域』（ジョナサン・グレイザー監督）が公開された。この書籍が店頭に並ぶころには、日本での公開も終わっているはずだ。原題は「The Zone of Interest」。つまり邦題は直訳だ。映画のタイトルとしては少しだけ不親切だけど、映画のテーマを凝縮すればまさしくそのとおりだ。ヘスと妻の関心は敷地の中にしかない。塀の外では絶え間なく怒声や悲鳴、銃声が響き、煙突からは常に黒い煙が立ち上っている。

ハンナ・アーレントが「凡庸な悪」と形容したアドルフ・アイヒマンも、愛妻家で家族を大切にしていた。「死の天使」ヨーゼフ・メンゲレは大の子ども好きで、子どもたちからも好かれていた（でもその子どもたちをメンゲレは実験材料にしていた）。

彼らの多くは、少なくとも凶暴ではない。残虐でもない。でも彼らによって、多くのユダヤ人が無慈悲に殺されたことは事実だ。やったことはこれ以上ないほどに凶暴で残虐だ。

人は個としては善良だ。でも集団や組織に従属したとき、その内側で相が転移する。善良なままで残虐なことをする。優しいままで凶暴になる。そんな歴史をくりかえしている。

今につながるイエスの処刑

イエス・キリストが信じていた宗教は何か。こう質問されたとき、正解を言える日本人は少ない。なぜ当たり前のことを訊くのかと訝りながらキリスト教と答える人が半分以上だろう。残念でした。正解はユダヤ教。キリスト教は彼（ナザレのイエス）が処刑されたあとに、弟子たちが広めた宗教だ。なぜイエスは処刑されなくてはならなかったのか。もしもキリスト教の信者にそう質問すれば、メシア（救世主）であるイエスは、人類をその罪から救うために身代わりとして磔になったのだと答えるはずだ。ただしこれは教義だ。史実としては、形骸化したユダヤ教旧体制をイエスが批判して、ユダヤ教司祭や律法学者から憎悪されたから。つまりキリスト教を信仰する人たちにとって、ユダヤ人はイエスを殺害した民族ということになる（実のところイエスもユダヤ人なのだが）。

多くの人が読んでいるシェイクスピアの『ヴェニスの商人』に登場する金貸しシャイロックは、冷酷で強欲なユダヤ人のステレオタイプそのままだ。あるいは『屋根の上のバイオリン弾き』でウクライナの村から追放されるテヴィエ一家もユダヤ人だ。それほどにユダヤ人は憎悪され、迫害されてきた。一九世紀後半から二〇世紀初めに主にロシアでおこなわれたポグロム（集団的・組織的な略奪、破壊、虐殺）などの虐殺も数多くあった。

ナチスの多くの強制収容所がソ連軍や連合国軍によって解放されてホロコーストの実態が明らかになったとき、キリスト教を信奉する西側世界の人たちは驚愕しながら萎縮した。なぜならナチスだけではなく自分たちも、何世紀にもわたってユダヤを差別し、迫害してきた加害者であるからだ。

第二次大戦後にディアスポラとして世界に散らばっていたユダヤ人は、イスラエルの地（パレスチナ）に自分たちの故郷を再建しようしていた。シオニズムの実践だ。シオンの丘を目指す彼らの多くは、ホロコーストのサバイバーか被害者遺族だ。多くの国や地域で家族や親類や知人の誰かが殺されている。だからこそ自衛の意識が強い。自分たちの安全を最優先する。アラブとの共存はできない。そう考えた彼らは、イスラエルの地に長く暮らしていたパレスチナの民の土地を奪い、無慈悲な圧力と暴力で迫害した。

国連が仲介に入る。でも主要メンバーであるヨーロッパ各国は自分たちの加害性に委縮しているし、とくにイギリスは三枚舌外交によってこの事態を招いたからこそ、イスラエルの強引な国土建設計画に対して強い異議を唱えることができない。国連によるパレスチナ分割決議をイスラエルはまったく守らない。でも主要加盟国は沈黙する。この状況に怒ったアラブの国々は、土地と生存圏を奪われるパレスチナの民に連帯する。

こうして四度にわたる中東戦争が起きる。でもアメリカから最新鋭の兵器を提供されるイスラエルの軍事力は圧倒的だ。戦うたびにアラブは蹴散らされる。イスラエルへの恨みはアメリカへの憎悪と重複する。

こうしてイスラエルと同時にアメリカを仮想敵と見なしたアルカイダは、二〇〇一年にアメリカを攻撃する。

つまりイエスの処刑が今につながっている。

故郷を奪われたパレスチナの民は、ヨルダン川西岸地区とガザ地区に押し込められ、あるいは国外に追い出され、かつてのユダヤの民と同じようにディアスポラの民となった。この過程でイスラエル兵士によるパレスチナの民への虐殺も数多く報告されている。加害と被害が反復しながら連鎖する。イスラエルは事実上の核兵器保有国であるけれど、中東地域では唯一の核不拡散条約（NPT）の非加盟国だ。ところが欧米からはこれを非難する声はあがらない。あまりに不平等だとイランが怒るのも当たり前だ。

最も多くのパレスチナの避難民が流入したのは、イスラエルと国境を接するヨルダンだ。現在の人口総数は一〇〇〇万人を超えるが、その内訳には二〇〇万人以上のパレスチナ難民とその子孫が含まれている。

純度一〇〇%の黒や白など実在しない

スーフ難民キャンプの夜は、兄弟とアーデルと連れ立ってキャンプ内の商店街に行った。電気屋に雑貨屋、卵屋に八百屋、家具屋にパン屋。照明はどの店でも白熱灯だ。だから商店街全体が闇の中でうっすらと赤い。でも路地の奥は暗い。明暗がとてもはっきりしている。なんとなく夏祭りの縁日のようだ。

立ち寄った露店のカフェでアラブ式のコーヒーを飲みながら、全員でカード遊びに興じた。日本のババ抜きを教えたら兄弟は大喜びしていた。勧められるままに水パイプも吸った、カフェの客はほとんどが（もしかしたらすべて）兄弟と顔見知りだ。みな初めて見る日本人に興味津々だ。

カフェを出てから隣の露店で、ホカホカと湯気の立つ揚げたてのファラウェル（ソラマメとヒヨコマメのコロッケ）を全員で買い食いする。思わず声が出るほどおいしい。冷たいビールが飲みたい。空気はからからに乾燥しているから、もしも今飲めば、生涯で最もおいしいビールになるかもしれない。でもここではあきらめるしかない。アーデルの通訳を聞いたモアターズが、ビールを買ってこようかと僕に言った。

「売ってるの?」

「キャンプ内にはない。アンマンの街に行けば買える」

そう言って（車に乗るために）家に戻りかけたモアターズを、僕はあわてて止める。アンマン市街までは往復で二時間だ。もちろんモアターズは本気だ。「遠慮するなよ」とマッハムートが言う。

「おれたちもたまに飲む」

そういう問題じゃないと強く辞退してから、気になっていたことを聞いた。アルヘンリー家を訪ねてから半日以上が過ぎるけれど、兄弟は一度も礼拝していないのだ。

「いつもはするよ」と末弟のオマルが言った。「でも今日は日本からのゲストがいるから」

礼を言いながら考える。とても信者もいれば、それほどではない信者もいる。当たり前だ。イスラムのすべてが均質であるはずがない。世界はグラデーションだ。でも多くの人はわかりやすい分類を求め、メディアはこれに応えて情報を四捨五入してカテゴライズする。これは黒。あれは白。これは真実であれは虚偽。我々は正義。そしてあの国は悪。

でも純度一〇〇%の黒や白など実在しない。それは概念だ。現実ではない。すべては濃淡だ。正義と悪も。だからこそ世界は豊かなのだ。

ナチスもユダヤもパレスティンも、すべてはカテゴライズだ。いろんな人がいる。ネタニヤフ政権に反対するユダヤ人はたくさんいる。ヒトラーを暗殺しようとしたナチス幹部もたくさんいた。

でもひとつだけ断言できること。いまのパレスチナの民に対するイスラエル国家のありかたは、圧倒的に無慈悲で残虐で冷酷だ。でも世界は沈黙し続ける。もちろん日本も。もう七〇年以上沈黙している。

彼は「国はバカだ」と言った

カフェも含めて勘定はすべて、長兄のムーサが払っている。買い食いしたファラウェルの代金くらいは払おうと思って財布をポケットから出そうとしたら、とても強い調子で兄弟たちに押しとどめられた。客に対してアラブの男と女たちはとことん接待する。その客がどんなに豊かな国から来ていたとしても関係ない。

家に戻れば食事の用意ができていた。ようやく台所から出てきた母親とムーサの妻に挨拶することができた。夕食のメニューは、鶏肉のケバブに、パセリやトマトをたっぷり使ったタボーレというサラダ。ナスをペースト状にしてスパイスを効かせたモウタベル。他にもたくさんの料理が並べられている。

食事を終えてお茶を飲んでいたら、隣に座っていたアーデルが、「森さん、お風呂に入りますか」と言った。「入れるみたいです」

おそらくシャワーだろうと思いながらも「入りたい」と答えれば、任せろとばかりに大きくうなずいたファラースが小走りに部屋から出て行った。

しばらく待った。でもファラースは戻ってこない。シャワーの準備にしては時間がかかりすぎる。二〇分以上が過ぎたころ、ファラースは汗だくになって戻ってきた。なぜかニコニコと嬉しそうだ。

案内されたバスルームは、コンクリート打ちっぱなしの小さな個室だった。もちろんバスタブなどない。シャワーだけだ。お湯は出ない。まあそれは当たり前。でもアルヘンリー家のバスルームの床には、一〇個ほどのプラスティックのバケツやタライらしきものが並べられていて、中には熱いお湯がたっぷりと入っていた。

素裸（すはだか）のままバケツやタライを見下ろしながら考えた。バスルームに隣接する台所には大きな鍋が置かれている。日本人は入浴の際にお湯を欲しがると聞いていたファラースが（アーデルが耳打ちしたのかもしれない）、鍋で沸かした湯を、せっせとここまで運んだのだろう。隅に置かれていた石鹸の欠片で頭と身体をこすり、バケツ三杯分のお湯で洗い流した。石鹸とファラースの優しさが目に沁みる。

アーデルと風呂を交代した僕に、末弟のオマルが片言の英語で話しかけてきた。見せたい映像があるという。誰かの部屋に案内される。ぞろぞろと兄弟たちが後に続く。オマルがパソコンを起動した。再生された映像はアルジャジーラが放送した番組の一部らしい。誰かのスマホの映像もある。イスラエルの戦車隊の砲撃で破壊されるガザの街。銃撃される子どもたち。地面に転がる家族の焼死体。そんな凄惨な光景が、スマホの映像も含めて、ほとんどモザイクなしでパソコンのディスプレイに映し出される。

「日本人はパレスチナ問題に関心を持っているのか」

手にしたアイスクリームを僕に勧めてから、マッハムートが質問した。向けられた兄弟たちの強い視線に思わずたじろぎながら、「……正直に言えば、関心を持つ人はあまり多くないと思う」と僕は言った。

僕の答えを聞いてから、ファラースが「おまえはどう思っている」と訊いた。

「複雑だよ。簡単には言えない」

「みんなそう言う」

そう言ってから、ファラースはしょんぼりとした表情で俯(うつむ)いた。

「メディアが何よりも重要だ。でも西側のメディアは、なかなか事実を伝えてくれない」

パソコンのディスプレイには、イスラエルの戦車に踏みにじられたパレスチナの子どもたちの死体が映っている。その周囲で膝まづいて泣き叫ぶ女たち。うなだれながら立ち尽くす男たち。

「味方をしてくれというつもりはない」

ムーサが静かに言った。「でもせめて現実を知ってほしい。ガザとヨルダン川西岸で何が起きているのか。おれたちはなぜ故郷に帰れないのか。残った同胞たちはどんな日々を送っているのか。

何かをしてくれとは言わない。でもせめて、知って考えてほしい」

オマルがパソコンの電源を切った。部屋の中は薄い闇。しばらく全員は黙り込んでいた。


翌日は金曜日。イスラムの休日だ。八時ごろに眠そうに眼をこすりながら兄弟たちは、僕とアーデルが寝ていた居間にやってきた。歯を磨いて顔を洗う。兄弟たちは庭にあったパイプ椅子を手にして路上に出て、往来を眺めながらコーヒーを飲み始めた。通りすがりの男たちが声をかけてくる。おまえはチャイナか。違う、日本人だ。日本の洗濯機は優秀だ。チャイナの洗濯機はサボってばかりだ。日本人もコーヒーを飲むのか。卵を本当に生で食べるのか。夜も朝も昼も、イスラムの男たちは本当におしゃべりだ。

コーヒーのお代わりを注いでもらいながら、昨夜どうしても言えなかったことを僕は兄弟たちに言った。

「イスラエル・パレスチナ問題だけど、イスラエルを強く支持するアメリカと日本が現状の関係でいるあいだは、日本政府はよほどのことがないかぎりイスラエルを非難しないと思う」

ムーサは静かにうなずいた。その横では椅子に座ったファラースやモアターズが、じっと路上の一点を見つめている。

「仕方がない。日本だけじゃない。多くの国がアメリカを恐れている。でも国がそうだからといっても、国民がみな同じように考えるわけじゃない」

そう言ってからムーサは、そうだろうというように僕の肩を軽く叩く。顔を上げて空に目をやってから、「今日も暑くなるな」とマッハムートが言った。深々とタバコの煙を吐き出しながら、「国はバカだ」とムーサが言った。「でも俺たちは国じゃない。おれたちは一人ひとりだ。だからいつかは殺し合いをやめる。平和な世界は夢じゃない」

一日も早く、一時間でも早く、虐殺を止めたい

このときから三年が過ぎた二〇一四年五月、来日したネタニヤフ首相と安倍晋三首相（当時）は首脳会談をおこなった。外務省のウェブサイトから一部を以下に引用する。

安倍総理は「積極的平和主義」の立場から、自由や民主主義といった価値を共有するイスラエルと協力していく旨述べたのに対し、ネタニヤフ首相から、これを歓迎し、支持する旨表明（があった）。

ネタニヤフが帰国して二カ月が過ぎた七月八日、イスラエルはガザ地区に対して「境界防衛作戦」の名称で大規模な攻撃を開始した。およそ二カ月弱でイスラエルの攻撃は終息したが、パレスチナ側の死者はガザ地区のみで二一五八人で、イスラエル側の死者は七三人だ。第四次中東戦争以来、最大の死傷者数となった。

でもこの原稿を書いている現時点（二〇二四年四月中旬）、パレスチナの死者数は三三〇〇〇人を

超えた。これは戦争ではない。間違いなく虐殺だ。ガザを「天井なき牢獄」と多くの人は形容するが、看守が受刑者を殺しまくる刑務所などありえない。

帰国後にアーデルはＮＨＫの特派員になった。時おり国際ニュースで顔を見かける。僕の家の靴箱の上には、別れるときに兄弟からもらった木彫りの置物が置かれている。「ＰＥＡＣＥ」と彫られている。彫ったのはオマルらしい。出かけるたびに目にする。そして思い出す。兄弟は元気だろうか。そして想像する。ガザ地区の今を。父親と母親を殺された少年の憎悪を。強制収容所で殺戮されたユダヤ人たちの悲しみを。

被虐の意識は反転しながら連鎖する。自衛の意識が高揚する。そして殺す。殺される。人は愚かだ。善良なままに人を殺す。その連鎖からどうしても逃れられない。

多くのドイツ国民はアウシュヴィッツやザクセンハウゼンの収容所で何がおこなわれているのか、正確には知らなかった。もちろん世界も。だから虐殺を止めることができなかった。

でも今、世界は目撃している。目撃しながら止められない。見て見ないふりをしている。かつて殺戮されかけた人たちが殺戮する側に反転したパレスチナ自治区ガザの現在を塀の向こう側として、僕たちはこれまでと同じように、グルメやエンタメや家庭菜園に熱中する日常を送っている。ならば塀の向こうに関心を示さないヘルマン・ヘスの家族と変わらない。つまり僕たちも罪深き加害者なのだ。

（二〇二四年四月一五日）

論創ノンフィクション 057
ガザ虐殺を考える
その悲痛で不条理な歴史と現状を知るために

2024年11月1日　初版第1刷発行

編著者　森 達也
発行者　森下紀夫
発行所　論創社
東京都千代田区神田神保町 2-23　北井ビル
電話　03（3264）5254　振替口座　00160-1-155266

カバーデザイン　奥定泰之
組版・本文デザイン　アジュール
印刷・製本　精文堂印刷株式会社
編　集　谷川 茂

ISBN 978-4-8460-2399-7 C0036